Wissenschaftliche Beiträge
aus dem Tectum Verlag

Reihe Sozialwissenschaften

Wissenschaftliche Beiträge
aus dem Tectum Verlag

Reihe Sozialwissenschaften
Band 101

Dirk Themann

Stress und Burnout bei ErzieherInnen

Mit einem Vorwort von Prof. Dr. Arnold Schmieder

Tectum Verlag

Dirk Themann
Stress und Burnout bei ErzieherInnen

Wissenschaftliche Beiträge aus dem Tectum Verlag
Reihe: Sozialwissenschaften; Bd. 101

© Tectum – ein Verlag in der Nomos Verlagsgesellschaft, Baden-Baden 2021
ISBN 978-3-8288-4703-3
ePDF 978-3-8288-7789-4
ISSN 1861-8049

Umschlaggestaltung: Tectum Verlag, unter Verwendung des Bildes
1425341744 von peterschreiber.media | www.shutterstock.com

Gesamtverantwortung für Druck und Herstellung:
Nomos Verlagsgesellschaft mbH & Co. KG
Printed in Germany

Alle Rechte vorbehalten

Besuchen Sie uns im Internet
www.tectum-verlag.de

Bibliografische Informationen der Deutschen Nationalbibliothek
Die Deutsche Nationalbibliothek verzeichnet diese Publikation
in der Deutschen Nationalbibliografie; detaillierte bibliografische
Angaben sind im Internet über http://dnb.d-nb.de abrufbar.

Begleittext

Man ist nicht entweder ersichtlich krank oder ohne ersichtliche Einschränkung gesund, diesem Ansatz der Salutogenese folgt Dirk Themann, wo er Stress und Burnout bei Erzieherinnen und Erziehern nachforscht und mit seiner empirischen Studie Ursachen und Folgen vor Augen führt. Zumal der Begriff Stress wissenschaftlich zum Teil auf Grund zahlreicher intervenierender Stressoren nicht eindeutig definiert und Burnout als Syndrom zu fassen ist, verweist der Autor am Schluss darauf, dass eine empirische Untersuchung der Belastungen in und durch Erwerbsarbeit noch sinnvoll und weiter, als er es leistet, durch qualitative Methoden zu ergänzen wäre, wobei er jedoch auch durch seine Studie die Problematik insbesondere der sogenannten Emotionsarbeit in pädagogischen Berufsfeldern deutlich konturieren kann. Daraus folgt zum einen, dass Erzieherinnen und Erzieher in erhöhtem Maße stressanfällig oder stressgefährdet sind und überdurchschnittlich von Burnout betroffen, was zum anderen in den jeweiligen Institutionen die Einführung eines betrieblichen Gesundheitsmanagements unbedingt erforderlich mache, was insbesondere für Kindertagesstätten gelte.

In der Regel richtet sich der Blick von Pädagogik, was insonderheit Kitas betrifft, auf die Förderung im weitesten Sinne intellektueller Fähigkeiten von Kindern und gleichermaßen auf Moderation des Sozialverhaltens, was eine jeweils vor Ort hochkomplexe Anforderung darstellt, wobei die bisweilen schwierigen und bis zu Konflikten reichenden Verständigungen mit den Eltern bzw. einem Elternteil zusätzlich erschwerend zu Buche schlagen können. Hinzu kommt, dass soziologische und psychologische Forschungen sich nach Recherchen und kritischen Aufnahmen des Autors unzureichend solchen Belastungen widmen, die in einem erst einmal Graubereich zwischen Gesundheit und Krankheit in Form eines allgemeinen psychosozialen Erschöpfungssyndroms erscheinen, das nicht unterschlagen werden kann und sich rückbezüglich auf die erzieherische Berufsausübung auswirkt. Hier sind auch Defizite in der Burnout-Forschung auszumachen, vermittels derer eine Zumessung von Erkrankung und entsprechender Behandlungswürdigkeit abgeschattet werden, was vergleichbar für Stressbelastung gilt, wie sie subjektiv changiert.

Themanns Forderung nach Einführung eines innerbetrieblichen Gesundheitsmanagements ist im Laufe der Jahre 2020/21 im Zuge der weltweiten Pandemie nicht nur in höherem Maße aktuell geworden, sondern ist von Brisanz, auch und weil die Zunahme an Belastungen gerade für Erzieherinnen und Erzieher in Kitas öffentlichen wahrgenommen wird und auch politisch zur Kenntnis genommen werden muss – was auch für alle helfenden Berufe gilt. Mit Applaus, Zuspruch, Dank und Sonderzahlungen ist es nicht getan. Selbstredend sind Forderungen nach weit höherer Entlohnung auch in diesem Berufszweig legitim und richtig und ebenso nach merklicher Aufstockung des Personals. Es zeigt sich aber in dieser Krise nur einmal mehr und schärfer, was schon lange im Argen lag und liegt. Kitas sind eben nicht nur Verwahranstalten für das Kind oder die Kinder berufstätiger Eltern und Alleinerziehender, sondern mentale und emotionale Herausforderungen für Betreuerinnen und Betreuer, die aktuell bis weit über die Belastungsgrenze ausufern und nur mehr als vormals die Entwicklung eines psychosozialen Erschöpfungssyndroms begünstigen, das virulent bleiben wird. – Dahin leiten die Ergebnisse der vorliegenden Studie.

Arnold Schmieder

Abstract

Arbeitsbelastungen, Stress und Burnout sind in den letzten Jahren zunehmend Gegenstand der wissenschaftlichen Forschung geworden. Die Anzahl psychosomatischer Erkrankungen nimmt ebenso zu, wie die Quote der vorzeitigen Verrentung aufgrund dieser Störungen. Arbeitgeber versuchen aufgrund des wachsenden Fachkräftemangels ihr Human-Ressource-Management zu optimieren. Die vorliegende Arbeit untersucht mittels qualitativer und quantitativer Querschnittsdaten Belastungsfaktoren und Ressourcen von pädagogischen Fachkräften in Kitas. 79 Fachkräfte eines Kita-Trägers wurden über die Erhebungsinstrumente der Subjektiven Salutogenetischen Arbeitsanalyse (SALSA) und des Maslach Burnout Inventory (MBI) zu ihren Belastungen, Ressourcen und Burnoutsymptomen befragt. 43% der Befragten zeigen sich durch ihre Tätigkeit belastet. Die Belastungen korrelieren ebenso wie die zunehmenden Arbeitsanforderungen mit Symptomen der beruflichen Erschöpfung. Jede zehnte befragte Fachkraft zeigt erhöhte Werte in diesem Bereich. Gleichzeitig haben soziale Ressourcen einen moderierenden Effekt hinsichtlich der beruflichen Erschöpfung. Pädagogische Fachkräfte in einer Kita verrichten komplexe Tätigkeiten mit steigenden Anforderungen. Sie unterliegen betrieblichen und tätigkeitsbedingten Stressoren, die zu Belastungen führen. Aufgrund der ermittelten Ergebnisse wird die Einführung eines betrieblichen Gesundheitsmanagements in Kitas dringend empfohlen.

Schlüsselworte: Stress, Burnout, Kita, pädagogische Fachkräfte, Gesundheitsmanagement, SALSA, MBI

Inhaltsverzeichnis

Abbildungsverzeichnis XIII

Tabellenverzeichnis XV

Abkürzungsverzeichnis XVII

1 **Einleitung** 1
    1.1 Problemstellung und Relevanz der Arbeit 1
    1.2 Zielsetzung der Arbeit 4
    1.3 Übersicht über die Arbeit 5

2 **Theoretische Fundierung** 7
    2.1 Der Gesundheitsbegriff 7
    2.2 Zum Stressbegriff 12
        2.2.1 Das reaktionsorientierte Stressmodell 13
        2.2.2 Das situationsorientierte Stressmodell 13
        2.2.3 Das transaktionale Stressmodell 14
            2.2.3.1 Die primäre Bewertung 15
            2.2.3.2 Die sekundäre Bewertung 16
            2.2.3.3 Die Neubewertung 17
            2.2.3.4 Copingstrategien 18
        2.2.4 Das soziologische Stressmodell nach Pearlin 20
        2.2.5 Stressreaktionen 22
            2.2.5.1 Akute Stressreaktionen 22
            2.2.5.2 Langfristige Stressreaktion 24
    2.3 Burnout 26
        2.3.1 Burnout – Begriffsbestimmungen 26
        2.3.2 Burnout – Definitionen und Konzepte 28

2.3.3 Burnout – eine Krankheit? 31
2.4 Gesundheit und Arbeit 33
2.5 Modelle der Arbeitsbelastung 36
    2.5.1 Das Job-Demand-Control-Modell 38
    2.5.2 Job-Demand-Control-Support-Modell 39
    2.5.3 Das Job-Demands-Resources-Modell 41
    2.5.4 Das Modell beruflicher Gratifikationskrisen 42
2.6 Betriebliches Gesundheitsmanagement 44
2.7 Die Kita als soziale Organisation 49
2.8 Die Rahmenbedingungen für die Kita 52
2.9 Die Tätigkeit von Erzieherinnen und Erziehern in der Kita 56
    2.9.1 Die Aufgaben 58
    2.9.2 Die Anforderungen 60
2.10 Belastungen und Beanspruchungen 61
    2.10.1 Belastungen und Beanspruchungen von Erzeherinnen und Erziehern ... 63
    2.10.2 Stress und Burnout bei Erzieherinnen und Erziehern 65
2.11 Ressourcen von Erzieherinnen und Erziehern 68
2.12 Gesundheitsfördernde Maßnahmen für Erzieherinnen und Erziehern 70
2.13 Konkretisierte Fragestellung der vorliegenden Arbeit 72

3 Methode 75

3.1 Beschreibung des Trägers und Maßnahmen der Gesundheitsförderung 77
3.2 Beschreibung der Stichprobe und Ablauf der Erhebung 80
3.3 Die Auswertungs- und Erhebungsinstrumente 81
    3.3.1 Die Salutogenetische Subjektive Arbeitsanalyse (SALSA) 82
    3.3.2 Das Maslach Burnout Inventory 82
    3.3.3 Soziodemographische Daten 84
    3.3.4 Korrelationsanalysen 84
    3.3.5 Einstichproben-t-Test 85
    3.3.6 Qualitativ empirische Daten 85

4	**Ergebnisse**	87
	4.1 Deskriptiv-statistische Auswertung	87
	4.2 Hypothesenprüfung mittels Korrelationsanalyse	94
	4.3 Ergebnisse zum Einstichprogen-t-Test	95
	4.4 Ergebnisse qualitativ empirische Daten	97
	4.4.1 Veränderungen im Bereich Arbeitsorganisation	98
	4.4.2 Veränderungen im Bereich Kommunikation	99
	4.4.3 Veränderungen im Bereich Pädagogik	100
5	**Diskussion**	101
	5.1 Qualität der Ergebnisse	101
	5.2 Reflexion der Vorgehensweise	102
	5.3 Interpretation der Ergebnisse	104
	5.4 Handlungsempfehlungen	107
	Resümee	109
Literaturverzeichnis		113
Anhang		121

Abbildungsverzeichnis

Abbildung 1 Der Stressprozess   22

Abbildung 2 Das JDC Vier-Felder-Modell   38

Abbildung 3 Belastungen und Beanspruchungen   63

Abbildung 4 Ressourcen der pädagogischen Fachkräfte   69

Abbildung 5 Organisationsaufbau Kita-Träger   79

Abbildung 6 SALSA Fragebogen   151

Tabellenverzeichnis

Tabelle 1	Krankheitsfolgen durch chronische Stressreaktionen	25
Tabelle 2	Arbeitstätigkeit und Arbeitshandeln	37
Tabelle 3	Korrelationskoeffizienten	84
Tabelle 4	Anforderungen	88
Tabelle 5	Belastungen	88
Tabelle 6	Quantitative Überforderung durch die Arbeitsaufgabe	89
Tabelle 7	Qualitative Überforderung durch die Arbeitsaufgaben	89
Tabelle 8	Unterforderung durch die Arbeitsaufgaben (qualitativ)	90
Tabelle 9	Belastendes Sozialklima	90
Tabelle 10	Belastendes Vorgesetztenverhalten	91
Tabelle 11	organisationale Ressourcen	91
Tabelle 12	Gesamtpunktzahl Berufliche Erschöpfung	92
Tabelle 13	Gesamtpunktzahl Depersonalisation/ Empathieverlust	93

Tabelle 14	Gesamtpunktzahl Eigene Leistungseinschätzung	93
Tabelle 15	Überblick über die drei Dimensionen/kritische Werte	94
Tabelle 16	Auswertung SALSA	122
Tabelle 17	Anforderungen	123
Tabelle 18	Belastungen	125
Tabelle 19	Organisationale Ressourcen	127
Tabelle 20	Soziale Ressourcen	128
Tabelle 21	Belastungen durch äußere Tätigkeiten	129
Tabelle 22	Belastungen	133
Tabelle 23	Organisationale Ressourcen	137
Tabelle 24	Soziale Ressourcen Häufigkeiten	141
Tabelle 25	Benchmark	143
Tabelle 26	Häufigkeiten Fragebogen Maslach (MBI)	146
Tabelle 64	Maslach Burnout Inventory und Manual	154

Abkürzungsverzeichnis

Abb.	Abbildung
AQUA	Arbeitsplatz und Qualität in Kitas, Titel einer Studie
ArbSchG	Arbeitsschutzgesetz
Aufl.	Auflage
Az.	Aktenzeichen
BGB	Bundesgesetzbuch
BGF	Betriebliche Gesundheitsfürsorge
BGM	Betriebliches Gesundheitsmanagement
BverwG	Bundesverwaltungsgericht
BZgA	Bundeszentrale für gesundheitliche Aufklärung
bzgl.	bezüglich
ebd.	ebenda
et al.	et alii/et aliae, und andere
etc.	et cetera, und so weiter
f.	folgend
ff.	Plural für folgend (fortfolgend)
ggf.	gegebenenfalls
Hrsg.	Herausgeber
ICD-10	International Classification of Diseases, 10 Auflage
MBI	Maslach Burnout Inventary
m.E.	meines Erachtens
OE	Organisationsentwicklung
o.g.	oben genannt
o. J.	ohne Jahr
o. O.	ohne Ort
S.	Seite
SALSA	Salutogenetische Subjektive Arbeitsanalyse

Abkürzungsverzeichnis

SGB	Sozialgesetzbuch
s. o.	siehe oben
STEGE	Strukturqualität und Erzieher_innengesundheit in Kindertageseinrichtungen, Titel einer Studie
s. u.	siehe unten
Tab.	Tabelle
überarb.	überarbeitet
usw.	und so weiter
u. U.	unter Umständen
Verf.	Verfasser/in
Verz.	Verzeichnis
vgl.	vergleiche
vs.	versus
WHO	World Health Organisation
Z	Z-Kategorie im ICD-10, die keine Erkrankungen sind

1 Einleitung

(Erwerbs-)Arbeit hat in mehrerlei Hinsicht eine hohe individuelle und gesellschaftliche Bedeutung. Erwerbsarbeit ist in Industriestaaten eine existentielle Lebensgrundlage, die darüber hinaus strukturierenden Charakter sowohl bezogen auf Tagesabläufe wie auch auf Dekaden des Lebens hat. Darüber hinaus bietet sie Lern- und Erfolgserfahrungen, sie schafft soziale Interaktion, stellt Entwicklungsanforderungen, und kann positive Gefühle generieren. Produktivität, Kreativität, Anerkennung sowie Kompetenz- und Persönlichkeitsentwicklung können ebenso mit ihr attribuiert werden. Zur (Erwerbs-)Arbeit gehören aber auch Faktoren wie Belastungen, Beanspruchungen, Verausgabungen und das Erleben von Konflikten. Erwerbsarbeit ist damit ein mehrdimensionales Geschehen, dass sowohl Belastungen und Beanspruchungen evoziert und auch mit Sinnerleben und Erfüllung assoziiert ist (vgl.: Rigotti/Mohr, 2011:70; Schübach/Krause, 2009: 496).

1.1 Problemstellung und Relevanz der Arbeit

Betriebe und insbesondere Betriebe bzw. Einrichtungen im Sozialbereich stehen vor besonderen Herausforderungen. Neben einer zunehmenden Alterssteigerung der Mitarbeitenden wird es zunehmend schwieriger Fachkräfte zu gewinnen. Der Altersdurchschnitt der Erwerbstätigen in Deutschland lag im Jahr 1991 bei 38,8 Jahren. Im Jahr 2016 betrug das Durchschnittsalter bereits 43,5 Jahre (vgl.: Statistisches Bundesamt, Ergebnisse des Mikrozensus, 2017). Das Renteneintrittsalter wurde in den Jahren zwischen 2012 und 2019 sukzessiv von 65 auf 67 Jahre angehoben (vgl.: Brussing/ Wojtowski, 2006: 1). Darüber hinaus berichten immer mehr Betriebe von Schwierigkeiten qualifiziertes Personal zu gewinnen. Folglich ist das Sozialkapital für Unternehmen noch wichtiger. Investitionen in die Rekrutierung von gut ausgebildetem Personal und die Förderung der Gesundheit der eigenen Belegschaft gewinnen an Bedeutung. Flexible, motivierte und gesunde Mitarbeitende sind Voraussetzung für den Unternehmenserfolg (vgl.: Schröder, 2013: 73).

Erzieherinnen und Erzieher leisten eine gesellschaftlich bedeutende Erwerbsarbeit. Sie erbringen eine Humandienstleistung für die Kinder und im weiteren Sinne auch für die Sorgeberechtigten. Dabei stehen sie in einem Spannungsfeld zwischen den Anforderungen durch das Kinderfördergesetz, den Bedarfen, Bedürfnissen und Fähigkeiten der Kinder, den Anforderungen ihres Arbeitgebers und denen der Eltern. Darüber hinaus unterliegen Träger von Kitas dem Aufgabenbereich des SGB VIII und den damit verbundenen Anforderungen seitens des öffentlichen Trägers der Kinder- und Jugendhilfe, was eine zusätzliche Komplexitätssteigerung des Leistungsangebots bedeutet. Somit haben Erzieherinnen und Erzieher vielfältige Erwartungen zu erfüllen. Sie sollen Kinder in ihrer Entwicklung unterstützen und fördern, Anforderungen in der Betreuung von Säuglingen und Kleinstkindern gewährleisten sowie der Inklusion gerecht werden. Gleichzeitig haben sie die Qualitätskriterien ihres Arbeitgebers umzusetzen. Aus diesen Gründen erscheint es sinnvoll die Arbeit der Erzieherinnen und Erzieher hinsichtlich ihrer Arbeitsaufgaben und Arbeitsbedingungen zu beschreiben und damit verbundene Belastungen und Auswirkungen auf die Persönlichkeit und Gesundheit zu erfassen (vgl.: Rudow, 2017: 12f.). Ausgehend von diesen Daten können Handlungsempfehlungen zur Gesundheitsförderung bzw. der Einführung eines Betrieblichen Gesundheitsmanagements (BGM) gegeben werden (vgl.: Schröder, 2013: 73; Wegner/Hetmeier zitiert nach Halbe-Haenschke, B., 2017: 23).

Um die Frage nach möglichen Belastungsfaktoren und Ressourcen beantworten zu können, werden nach vorheriger Diskussion theoretischer Annahmen, zunächst die organisationalen Rahmen- und Arbeitsbedingungen der Erzieherinnen und Erzieher erfasst. Hierzu gehören einerseits die Organisationsstruktur des Trägers sowie eine Erfassung des Prozess-, Qualitäts- und Personalmanagements. Andererseits ist eine Beschreibung der Arbeitsbedingungen bezogen auf die Tätigkeiten (Aufgaben und Anforderungen) der Erzieherinnen und Erzieher notwendig. Parallel hierzu werden über verschiedene Fragebögen Belastungen, Burnoutsymptome, Ressourcen und definierte Sozialdaten des Fachpersonals erhoben. Ziel ist sowohl die Analyse auf der betrieblichen Ebene als auch die Konfrontation mit den theoretischen Annahmen und bundesweiten Vergleichsdaten.

In den vergangenen Jahren war das Stresserleben von Mitarbeitenden in pädagogischen und sozialen Einrichtungen Gegenstand der wissenschaftlichen Diskussion. So weist die AQUA-Studie (2014: 65ff.) ein erhöhtes Risiko für Gratifikationskrisen und Burnoutgefährdungen bei Erzieherinnen und Erziehern nach. Erweiterte Öffnungszeiten, kurzfristige Arbeitszeitplanungen und Kostendruck erweisen sich als Belastungsfaktoren (vgl.: Sächsisches Staatsministerium, 2009). Erzieherinnen und Erzieher zeigen überdurchschnittliche psychische Belastungen, wobei knapp 10% der 924 Befragten in einer Studie von Rudow (vgl. Rudow, 2004) Burnoutsymptome zeigen. In anderen Studien wird belegt, dass die Gruppe der Erzieherinnen und Erzieher zu einer Hochrisikogruppe bezüglich eines Burnouts zählen (Jungbauer/Ehlern, 2013) und Buch/Feiling, (2002) gehen in ihrer Untersuchung davon aus, dass ca. 19% des Erziehungspersonals ein Burnoutrisiko haben.

Trotz dieser Studien weisen sowohl Rudow (Rudow, 2017:12) als auch die AQUA-Studie (2014: 7f.) darauf hin, dass die Tätigkeit und die Arbeitssituation von Erzieherinnen und Erziehern arbeitswissenschaftlich bislang wenig untersucht worden sind. Insofern ist die geplante Analyse von Bedeutung, da sie ein identifiziertes Thema aufgreift, dass aber bislang unzureichend bearbeitet wurde. Sie ist damit von wissenschaftlichem Interesse und besitzt gleichzeitig für den Träger der Kitas eine Praxisrelevanz.

Der weitaus größte Teil wissenschaftlicher Studien zum Kitabereich bezieht sich auf die Gesundheit und das Wohlbefinden der betreuten Kinder und nicht auf die Belastungen und deren Auswirkungen auf die Gesundheit der Erzieherinnen und Erziehern. Dementsprechend gibt es zudem ein Defizit bei den Empfehlungen zum Erhalt bzw. der Wiedererlangung der (psychischen) Gesundheit von Erzieherinnen und Erziehern auf betrieblicher Ebene.

Unterschiedliche Studien verweisen auf Veränderungsbedarfe auf der Ebene der Träger. Diesbezüglich wird im Zusammenhang mit der Einhaltung des gesetzlich vorgeschriebenen Erzieher-Kind-Schlüssels auf ein zu veränderndes Zeitmanagement hingewiesen. So sollten auch Zeiten für die mittelbare pädagogische Arbeit (Dokumentation, Entwicklungsberichte, Teamsitzungen etc.) definiert werden. Dies betrifft auch Pausen- und Überstundenregelungen und Urlaubs- bzw. Krankheitsvertretungen. Angrenzend zum Zeitmanagement wird auf das Empowerment der Mitarbeitenden verwiesen, die Handlungsspielräume auf- und ausbauen sollten und so ihre Selbstorganisation verbessern. Lärmschutzmaßnahmen und Rückzugsräume für die Pausen des Personals werden ebenso benannt. Darüber hinaus wird die intermediäre Stellung der Kita-Leitungen (Leitungsfunktion und Mitarbeit in den Gruppen) als zu verändern kritisiert. Die Zunahme der unterschiedlichen und schnell wechselnden Aufgaben (Komplexität) erfordere eine andere Organisationsstruktur. Neben den demographischen Veränderungen, die altersgerechte Arbeitsmodelle erfordern, wird auf nicht erwachsenengerechtes Mobiliar verwiesen (vgl.: Vernickel, S./ Voss, A/Mauz, E., 2017: 153ff.; Rudow, 2017: 77ff.; Rudow, 2004; Autorengruppe Fachkräftebarometer, 2014: 27ff.).

1.2 Zielsetzung der Arbeit

Mit dieser Arbeit werden verschiedene Ziele verfolgt, die grundsätzlich mit der Frage von (Arbeits-) Belastungen, insbesondere Stressoren, Beanspruchungen und der Möglichkeit verbunden sind, Arbeitsplatzbedingungen so zu gestalten, dass sie der Gesundheit der Mitarbeitenden dienlich sind. Im weitesten Sinne geht es demnach um Human-Ressource-Management. Mit der vorliegenden Arbeit wird überprüft, welche betrieblichen Belastungsfaktoren gegeben sind und welche Bedeutung diese für die Mitarbeitenden haben. Hierzu wird die Salutogenetische subjektive Arbeitsanalyse als Fragebogeninstrument eingesetzt. Neben möglichen Belastungen lassen sich durch diesen Fragebogen auch Ressourcen ermitteln, die einen Beitrag zur Milderung von Belastungen leisten können.

Um der Frage nachzugehen, ob sich die Mitarbeitenden der Untersuchungspopulation in einem Burnout-Prozess befinden, wird das Maslach Burnout Inventory (MBI) verwendet. Dieses Instrument dient dazu festzustellen, ob Stressoren bei erwerbstätigen Personen eine Qualität entwickelt haben, die gesundheitlich bedenklich sind, zu Leis-

tungseinbußen oder zu Tendenzen der Depersonalisation beitragen, wobei damit keine Diagnostik einer Erkrankung gemeint ist.
Neben der Identifizierung von Belastungsfaktoren und Beanspruchungen im Sinne des MBI ist es Ziel der Arbeit herauszufinden, ob es Zusammenhänge zwischen möglichen Belastungen und Burnouttendenzen bzw. Ressourcen und dem nicht Vorhandensein von Burnouttendenzen gibt.
Darüber hinaus soll der Frage nachgegangen werden, ob die gefundenen Daten der befragten Gruppe durch die Gesamtpopulation der Erziehungsberufe repräsentiert werden oder ob die Untersuchungspopulation signifikant hiervon abweicht. Die Daten werden auf der Matrize der diskutierten Stresstheorien und Arbeitsbelastungsmodelle mit dem Ziel interpretiert, Empfehlungen für ein Gesundheitsmanagement geben zu können. Da die Untersuchung in die Zeit der Coronapandemie fällt, soll über einen qualitativen Zugang eine Aussage dazu gemacht werden, welche besonderen betrieblichen (Belastungs-) Aspekte in Phasen von unvorhersehbaren gravierenden Herausforderungen bestehen. Vorrangig sollen diese Aspekte identifiziert und erste Hinweise gewonnen werden, was erforderlich ist, um solchen Herausforderungen begegnen zu können.

1.3 Übersicht über die Arbeit

Zunächst werden die theoretischen Grundlagen der Arbeit diskutiert. Die theoriegeleiteten Annahmen zum Gesundheitsbegriff führen zu unterschiedlichen Stressmodellen, die vorgestellt und wissenschaftlich eingeordnet werden. Danach schließt sich eine Diskussion zur Burnoutforschung über die Ebenen der Begrifflichkeit, der Definition, der Ätiologie sowie der Frage, ob Burnout eine Erkrankung ist, an. Anschließend werden verschiedene Modelle der Arbeitsbelastung erörtert, da es bei der vorliegenden Arbeit um die Stressprozesse einer definierten Berufsgruppe im Rahmen ihrer Tätigkeit geht. Diese Kapitel stehen im Zusammenhang zu Grundsätzen des betrieblichen Gesundheitsmanagements. Anschließend folgt ein organisationssoziologisches Kapitel über die Rahmenbedingungen von Kitas, die Tätigkeitsmerkmale von Erzieherinnen und Erziehern sowie deren Belastungen, Beanspruchungen und Ressourcen.

Nach der theoretischen Fundierung erfolgt die Erörterung der eingesetzten Erhebungsinstrumente und deren wissenschaftlichen Grundlagen, sowie die Beschreibung, der Zugang und die Umsetzung der Befragungen der Untersuchungspopulation.

In den darauffolgenden Kapiteln werden die Ergebnisse ausgewertet und interpretiert. Bevor die Reflexion der Arbeit und ein Resümee erfolgen, werden auf Grundlage der Ergebnisse bzw. der Ergebnisdiskussion noch Handlungsempfehlungen für den Träger der Kitas unterbreitet.

2 Theoretische Fundierung

In den folgenden Kapiteln wird der Gesundheits- und Stressbegriff erörtert. Anschließend erfolgt eine Diskussion zur Definition, Ätiologie und Begriffsbestimmung von Burnout. Anhand von Gesundheitsmodellen wird der Gesundheitsbegriff auf die Erwerbsarbeit bezogen. Der theoretische Teil schießt mit einer organisationssoziologischen Diskussion über die Rahmenbedingungen von Kitas sowie dem Berufsprofil von Erzieherinnen und Erziehern ab.

2.1 Der Gesundheitsbegriff

Wahrscheinlich würde nahezu jeder Erwachsene dem häufig zitierten Satz von Arthur Schoppenhauer (1788–1860): „Gesundheit ist nicht alles, aber ohne Gesundheit ist alles nichts", zustimmen. Damit wird die Bedeutung von Gesundheit bereits im 19. Jahrhundert hervorgehoben, allerdings ohne eine nähere oder differenzierte Bestimmung des Gesundheitsbegriffs. Eine theoretische und konzeptionelle Klärung des Gesundheitsbegriffs ist allerdings für die Gesundheitspsychologie von hoher Bedeutung und zugleich die Voraussetzung für die vorliegende Arbeit. Eine Definition des Gesundheitsbegriffs ist ohne einen kurzen historischen Exkurs nicht nachvollziehbar. Da der Gesundheitsbegriff in der Wissenschaft über einen langen Zeitraum entwickelt wurde und es bis dato widerstreitende Positionen gibt (vgl.: Brinkmann, 2014: 16f). Gesundheit wird heute noch dichotom von Krankheit unterschieden. Wird von Gesundheit gesprochen ist damit generisch Abwesenheit von Krankheit gemeint. Ähnlich verhält es sich mit dem Begriff "Gesundheitssystem", dass vielmehr Institutionen der Krankenbehandlungen meint. Dieses sprachliche Paradoxon erklärt sich über die Geschichte der Krankheitsforschung und der Wissenschaft von der Heilung von Krankheiten (vgl.: Hehlmann et al, 2018: 38f.; Luhmann, 2015).

Die naturwissenschaftlich orientierte Medizin des 19. und 20. Jahrhundert entwickelt sich vor allem durch experimentelle Forschung in den Bereichen der Physiologie, Chemie und Pathologie. Sie verzeichnet wesentliche Erfolge bei der Bekämpfung von epidemischen Infektionskrankheiten, wobei einschränkend konstatieren werden sollte, dass diese Erfolge nicht ohne eine wesentliche Verbesserung der hygienischen und materiellen Bedingungen weiter Bevölkerungskreise möglich gewesen wäre (vgl.: Faltermaier, 2017: 50; Kaluza, 2015: 4, McKeown, 1982).[1] Die naturwissenschaftliche Medizin förderte durch ihre immer besser werdenden Analysen und Analysemethoden eine zunehmende Differenzierung des menschlichen Körpers anhand definierter Ordnungsparameter, wie Organ, Gewebe, Zelle, Molekül etc. Damit verbunden war die Auffassung, Krankheit als eine lokal identifizier- und objektivierbare (durch Messung) Störung der Untersuchungseinheit zu definieren. Insofern wurde Krankheit von der Person (also von ihrem Leben) abgetrennt. Damit unterlag der (kranke) Körper der Medizinkontrolle und bedurfte bzw. bedarf der ärztlichen Hilfe. Ärzte und Ärztinnen waren (und sind es weitgehend heute noch) Experten bzw. Expertinnen für Krankheit und dem komplementär errichteten Krankenpflegesystem (Faltermaier, 2017: 51f.).

Im 19. Jahrhundert entstand aus der naturwissenschaftlichen Wende der Medizin die wissenschaftliche Grundlage unseres heutigen Gesundheitsversorgungssystems. Diese wird als biomedizinisches Modell bezeichnet.[2] Einerseits hat das biomedizinische Modell der Medizin entscheidende Entwicklungsimpulse durch die Fokussierung auf Störungen von Körpersystemen und deren Funktionalität gegeben und somit die Medizin in die Lage versetzt, ein differenziertes Diagnosesystem zur Identifizierung von Krankheiten und deren Heilung zu entwickeln. Andererseits ist diese Kompetenz zugleich ein paradigmatisches Defizit. Die Kritik an dem biomedizinischen Modell lässt sich

---

1 An dieser Stelle sei darauf hingewiesen, dass eine weitere Diskussion diesbezüglich nicht erfolgen kann. Dennoch sollte der Vollständigkeit halber dieser medizinhistorische Disput nicht unerwähnt bleiben.
2 Es handelt sich um eine naturwissenschaftliche Wende, da dieser die kopernikanische Wende also eine zunehmende Säkularisierung und Verwissenschaftlichung von Gesellschaften vorausging. Allerdings kann diese Diskussion hier nicht weiterverfolgt werden.

folgendermaßen zusammenfassen: Das Modell trennt Körper und Psyche und vernachlässigt Interdependenzen zwischen diesen Systemen. Dieser Leib-Seele-Dualismus entspricht nicht mehr dem Stand der Wissenschaft. Darüber hinaus beschränkt sich das Modell auf Krankheit als körperliches Geschehen und vernachlässigt Aspekte des Verhaltens, des Sozialen und des Psychischen. Es wird als reduktionistisch bezeichnet, weil es komplexe Vorgänge, wie Krankheit auf einfache physikalische und biochemische Parameter verkürzt. Zusätzlich ist es individualistisch, da Krankheit im Individuum lokalisiert und die Mensch-Umwelt-Relation vernachlässigt oder nahezu nicht berücksichtigt wird. Als hochproblematisch werden zusätzlich die Annahmen von Normalität bzw. pathologisch und damit dessen, was als behandlungsbedürftig definiert wird, kritisiert. Die Behebung oder Beseitigung einer Störung scheint ein Wert an sich zu sein. Das Modell hat sich zu einem Dogma entwickelt, welches neuere Daten und Forschungen nicht mehr berücksichtigt. Zudem schließt es Phänomene, die durch dieses Modell nicht erklärbar sind, aus (vgl.: Faltermaier, 2017: 56; Klemperer, 2014: 141). Aus dieser Kritik heraus wurde zunächst Ende der 60er bis in die 70er Jahre des vergangenen Jahrhunderts das biopsychosoziale Krankheitsmodell entwickelt. Dieses fordert ein grundsätzliches Umdenken bezüglich des Krankheitsbegriffs:

> „The dominant model of disease today is biomedical, and is leaves no room within this framework, for the social, psychological and behavioural dimensions of illness. A biopsychosocial model is proposed that provides a blueprint for research, a framework for teaching, and a design for action in the real world of health care" (Engel, 1977:135).

Das neue biopsychosoziale Modell deklarierte, dass biochemische Abweichungen von einem Normwert eine notwendige aber keine hinreichende Bedingung für das Auftreten einer Krankheit seien. Krankheit habe immer den Aspekt des menschlichen Erlebens und bedarf der Einbeziehung psychischer, sozialer und kultureller Faktoren. Es bedarf eines Zugangs zu den behavioralen und psychischen Prozessen der Patienten und Patientinnen, da diese von Symptomen berichten, die mit biochemischen Prozessen korreliert werden. Außerdem haben die Lebensumstände der Betroffenen einen wesentlichen Einfluss auf den Krankheitsverlauf. Schließlich ist zu bedenken, dass Menschen selbst bei Abweichungen von biochemischen Normwerten sich darin unterscheiden, wann sie sich krank fühlen oder von andern als krank bezeichnet werden. Schließlich reicht die Wiederherstellung eines biochemischen Normwertes nicht für den Erfolg einer Behandlung aus. Darüber hinaus muss berücksichtigt werden, dass die Beziehung zwischen dem Arzt/der Ärztin und dem Patienten/der Patientin nicht nur Einfluss auf sozialpsychologische Prozesse, sondern auch auf biochemische Prozesse hat. Das biopsychosoziale Modell, welches nicht weiter zu einer Theorie ausgearbeitet wurde, war systemtheoretisch angelegt. Es differenzierte die Systeme Psyche und Organismus des Menschen von den sozialen Systemen der Umwelt (vgl.: Faltermaier, 2017: 57f.). Schließlich konstatiert Luhmann das Gesundheit in einem derart entwickelten Medizinsystem für die Ärzteschaft nicht anschlussfähig ist, denn es gibt bei „Gesundheit [...] nichts zu tun, sie reflektiert allenfalls das, was fehlt, wenn man krank ist. Entsprechend gibt es zwar viele Krankheiten, aber nur eine Gesundheit. Von Gesundheit zu sprechen wirkt aus der Krankheitsperspektive eher problematisch und inhaltsleer" (Luhmann, 2005: 179).

Im Gegensatz zum biopsychosozialen Krankheitsmodell, das Krankheit über die Dimensionen Psyche, Organismus und sozialer Umwelt versucht zu erklären, vollzog das Modell der Salutogenese einen Paradigmawechsel. In Anbetracht der Tatsache das Stressoren omnipräsent sind, zielt das Salutogenese Modell von Antonovsky darauf ab, Gesundheit und nicht Krankheit zu erklären. Diesem Modell liegen folgende Annahmen zugrunde: Gesundheit als abhängige Variable ist nicht das Gegenteil von Krankheit. Die dichotome Auffassung von Krankheit vs. Gesundheit wird durch die Vorstellung eines Kontinuums aufgehoben. Demnach bewegen sich Menschen zwischen den absoluten Polen „gesund" und „krank", wobei Menschen, die krank sind, eben partiell krank sind, da sie zu einem Großteil auch gesund sind. Damit wird die Dichotomie, dass entweder nur der eine oder nur der andere Zustand vorhanden ist, aufgehoben (vgl.: Blättner/Waler, 2018:14; Antonovsky, 1997: 22; Faltermaier, 2017: 77).

Eine weitere zentrale Bedeutung der Salutogenese ist der Ansatz, dass Stressoren sowohl pathogene wie auch salutogene Aspekte haben. In diesem Punkt geht es nicht nur um die Milderung von Stressoren, sondern darum, wie das Individuum versucht, einen Spannungszustand zu bewältigen. Gelingt eine Spannungsbewältigung wird sich die betreffende Person auf dem Kontinuum in Richtung des Pols „gesund" bewegen. Gelingt sie nicht, bewegt sich die Person in die entgegengesetzte Richtung. Neben biochemischen, physikalischen und psychosozialen Stressoren zählen dazu auch (arbeitsbedingte) Dauerbelastungen (Antonovsky, 1997: 24f.; Faltermaier, 2017: 77). Damit ist diese Annahme sowohl anschlussfähig an die Salutogenetische Subjektive Arbeitsanalyse (SALSA) wie auch an das Stresskonzept von Lazarus und besitzt zugleich Relevanz für die vorliegende Arbeit.

Ein weiterer wesentlicher Aspekt der Salutogenese sind die allgemeinen Widerstandsressourcen. Damit sind genetische, konstitutionelle und psychosoziale Merkmale bzw. Ressourcen, wie Wissen, Intelligenz, gute Coping-Strategien gemeint, die zur Bewältigung von bestimmten Stresssituationen beitragen. Diese Widerstandsressourcen entstehen einerseits individuell-biographisch, andererseits soziokulturell und sind unterschiedlich ausgeprägt (vgl.: Antonovsky, 1997: 43ff.; Faltermaier, 2017: 78f.).

Das Kohärenzgefühl hat in der Salutogenese ebenfalls eine herausragende Bedeutung. Damit ist eine globale und überdauernde Orientierung gemeint. Auf Grundlage ihrer Widerstandsressourcen können die Menschen Konsistenz, soziale Integration und die Erfahrung der „Balance von Anforderungen" erleben (Faltmeier, 2017: 79). Das Kohärenzgefühl drückt das Ausmaß eines durchdringenden, andauernden und dynamischen Gefühls des Vertrauens aus, dass,

> „– die Stimuli, die sich im Verlauf des Lebens aus der inneren und äußeren Umgebung ergeben, strukturiert, vorhersehbar und erklärbar sind;
> – einem die Ressourcen zur Verfügung stehen, um den Anforderungen, die diese Stimuli stellen, zu begegnen;
> – diese Anforderungen Herausforderungen sind, die Anforderungen und Engagement lohnen" (Antonovsky, 1997: 37).

Das Kohärenzgefühl umfasst demnach die Verstehbarkeit, die Handhabbarkeit und die Bedeutsamkeit von Anforderungen. Folglich bleiben Menschen eher gesund, wenn sie Anforderungen einordnen und verstehen können oder sie das Gefühl und die Möglichkeiten haben, diese beeinflussen zu können. Sowie, wenn sie ihrem Handeln (Leben) einen Sinn geben, also Ziele formulieren, für die sich Engagement lohnt (vgl.: Blättner/Waller, 2014:17ff.; Hehlmann et al., 2018: 57).

2.2 Zum Stressbegriff

Seit Jahrzehnten erfährt der Stressbegriff in und auch außerhalb der Humanwissenschaften eine erhebliche Popularisierung. Die gravierenden Veränderungen in der Wirtschaft ergo an den Arbeitsplätzen und die gesellschaftlichen Veränderungen, einschließlich der horizontalen und vertikalen sozialen Mobilität haben erhebliche Einflüsse auf das Verhalten und das Wohlbefinden der Menschen. Alltagssprachliche Formulierungen wie "ich bin gestresst" oder „das stresst mich nicht" verweisen einerseits auf einen unbestimmten Stressbegriff und andererseits auf die Mehrdimensionalität von Stress. Da sich verschiedene Wissenschaftsdisziplinen mit Stress auseinandersetzen und diesen Begriff durchaus unterschiedlich definieren, ist eine terminologische Auseinandersetzung mit dem Stressbegriff (für das Verständnis dieser Arbeit) erforderlich (vgl.: Faltermaier, 2017: 86f.; Kaluza, 2015: 15; Schermann, 2015: 97).

Vorab muss allerdings einschränkend konstatiert werden, dass es nach wie vor unterschiedliche Stresskonzepte gibt, die eine allgemein akzeptierte einheitliche oder umfassende Definition des Begriffs und damit der Stresskonzepte erheblich erschweren bzw. ausschließen. Bereits in der Antike wurde ein Zusammenhang von psychischen Einflüssen auf körperliche Prozesse und somit auch auf die Entstehung von Krankheiten angenommen. Allerdings wurde der Begriff Stress in wissenschaftlichen Zusammenhängen erstmals in der Physik verwendet und bezeichnete die Kraft innerhalb eines Körpers, die durch eine externe Kraft hervorgerufen wird. Aus humanwissenschaftlicher Betrachtungsweise kann Stress aus drei Perspektiven betrachtet werden, ohne dass man stringent und valide belegen könnte, dass eine der Perspektiven richtig oder falsch ist. Es lässt sich das reaktionsorientierte, vom situationsorientierten bzw. dem relationalen/transaktionalen Konzept unterscheiden. Die ersten beiden werden kurz diskutiert und das transaktionale Konzept wird ausführlicher vorgestellt. Es ist für diese Arbeit angemessener, zugleich umfasst es Aspekte der beiden anderen Konzepte und gilt als das weitreichendere und wichtigste Stresskonzept (vgl.: Brinkmann, 2014: 185; Faltermaier, 2017: 88; Schwarzer, 2004: 153).

2.2.1 Das reaktionsorientierte Stressmodell

Im reaktionsorientierten Stressmodell, das wesentlich von Selye entwickelt wurde und auf Annahmen von Cannon beruht, verursachen physikalische oder psychische Stressoren eine unspezifische Reaktion des Körpers. Cannon beschreibt eine Kampf-Flucht-Reaktion als physische und psychische Anpassung von Menschen auf Gefahren- bzw. Stresssituationen (Lebenswelten). Dahingegen verwendet Selye den Begriff Stress als Anpassung auf physikalische und physische Belastungen (wie beispielsweise Hitze, Kälte, Zeitdruck etc.). Diese Stressoren aktivieren über die sogenannte Hypothalamus-Hypophysen-Nebennieren-Achse (HHNA) Corticosteroide, die zu einer unspezifischen Reaktion des Körpers führen. Diese immer stereotyp ablaufende Reaktion wird als Generelles Adaptions-Syndrom bezeichnet. Damit ist Stress ein endokrines Syndrom, also der Zustand (die Reaktion) des Organismus. Dieser zentrale biologische Anpassungsmechanismus ist bei überlebenswichtigen Reaktionen, in denen schnell Energie bereitgestellt werden und das Herz-Kreislaufsystem aktiviert werden muss zweifelsfrei phylogenetisch von hoher Bedeutung. Allerdings scheint dieser Stressbegriff für die Anforderungen des `modernen´ Menschen mit all seinen (Arbeits-) Belastungen zu undifferenziert zu sein (vgl.: Brinkmann, 2014: 186; Faltermaier, 2017: 88).

2.2.2 Das situationsorientierte Stressmodell

Gegenüber dem reaktionsorientierten Stressmodell geht das situationsorientierte Stressmodell davon aus, dass alle inneren oder äußeren Belastungen, also aversiv wirkenden physikalischen, tatsächlichen psychischen oder vorgestellten Stressoren eine Anpassung des Organismus erfordern. Die wahrgenommenen Auswirkungen, die im Organismus zu funktionellen Störungen führen können, werden als Beanspruchung (strain) bezeichnet und können über die Reaktion der Person erschlossen werden. Die situationsbezogene Betrachtungsweise findet insbesondere in den Arbeitswissenschaften ihre Anwendung (ebd.).

2.2.3 Das transaktionale Stressmodell

Sowohl das situations- wie auch das reaktionsbezogene Stresskonzept konstituieren Stress als unabhängig von der Einschätzung der Person. Die situationsbezogene Stressdefinition unterstellt, dass Stresssituationen von allen Betroffenen gleich oder zumindest ähnlich erlebt werden müssen. Bei dem reaktionsorientierten Stresskonzept müssen alle Betroffenen einer Belastungssituation ähnliche Reaktionsmuster zeigen. Die individuellen Unterschiede im Stresserleben und in der Stressreaktion belegen aber, dass weder die eine noch die andere Annahme empirisch haltbar ist. Aus dieser Kritik heraus wurde in den 70er Jahren des letzten Jahrhunderts eine interaktionistische Stresstheorie, die als transaktionale Stresstheorie bzw. als transaktionales Stressmodell bekannt ist, entwickelt (vgl.: Brinkmann, 2014: 187; Faltermaier, 2017: 89).

Die transaktionale Stresstheorie, die wesentlich von Lazarus entwickelt wurde, geht davon aus, dass es sich bei Stress um ein sich ständig wechselndes Ungleichgewicht zwischen den Anforderungen und den Anpassungsmöglichkeiten eines Individuums handelt. Dabei hängt die Auslösung einer Stressreaktion und die damit verbundenen Emotionen von der subjektiven Bewertung der Situation durch das Individuum ab. Diese Annahmen verweisen wiederum auf drei weitere wesentliche Aspekte. Stress ist somit mit einem kognitiven Prozess der Wahrnehmung, Einschätzung und Beurteilung der Situation konnotiert. Zusätzlich sind die emotionalen Reaktionen und in deren Folge die Bewältigungs- bzw. Copingstrategien von Bedeutung (vgl.: Faltermaier, 2017: 92f.).

Also entscheidet nicht die Situation oder die Reaktion darüber was Stress ist, sondern die zugeschriebene (oder auf Erfahrung beruhende) Bedeutung der Situation für die betroffene Person. Menschen bewerten demnach interne und externe Anforderungen bezüglich des eigenen Wohlbefindens und welche Ressourcen für die Bewältigung zur Verfügung stehen (vgl. Faltermaier, 2017: 93; Knecht, 2011: 4). Dabei wird von drei Arten der Bewertung ausgegangen. Diese werden im nachfolgenden diskutiert.

2.2.3.1 Die primäre Bewertung

In einer primären Bewertung nimmt eine Person eine Einschätzung darüber vor, ob die aktuelle Situation für sie entweder, irrelevant, angenehm-positiv oder stressbezogen ist. Diese Bewertung erfolgt allerdings auf der Matrize bisheriger Erfahrungen, wobei Erfahrungen bereits verarbeitete also biographische Bewertungsprozesse sind, auf die die Person zurückgreift. Damit sind insbesondere individuelle Ausprägungen über menschliche Grundbedürfnisse wie Liebe, Intimität, Zugehörigkeit, Selbstverwirklichung, Autonomie, Umweltkontrolle und Sicherheit gemeint. Für diese Bedürfnisse gibt es individuelle „Sollwerte", die sozialisiert als Erwartungen an sich selbst oder als Ansprüche familiäre oder gesellschaftliche Normen widerspiegeln. Nicht nur im Rahmen dieser Arbeit sind besonders Erwartungen und Ansprüche an das Leistungs- und Sozialverhalten von hoher Bedeutung. Das gleiche gilt für die Homöostase der Sollwerte, da diese für das Wohlbefinden und häufig auch für die Aufrechterhaltung des Selbstwertgefühls bedeutsam sind. Kommt es in einer Situation zu einer Diskrepanz zwischen dem „Soll-Ist", so liegt eine stressbezogene primäre Bewertung vor. Eine solche Bewertung setzt zugleich voraus, dass die betreffende Person die Situation für sich als überhaupt relevant bewertet hat. Wird eine Situation als irrelevant bewertet, so kann sie auch keine stressbezogene Bewertung evozieren. Eine Bewertung, dass eine „Soll-Ist" Diskrepanz vorliegt, ist damit ein individueller Prozess, der umso häufiger stattfindet, je höher und rigider (wenig Toleranz gegenüber Abweichungen) die Sollwerte sind. Die stressbezogene primäre Bewertung wird wiederum in die drei Kategorien

a) „Schaden-Verlust" (harm-loss),
b) „Bedrohung" (threat) und
c) „Herausforderung" (challenge)

unterteilt. Nur wenn eine dieser drei Kategorien vorliegt, kann in einer Situation von Stress in einer psychologischen Bedeutung gesprochen werden.

a) Schaden-Verlust bezieht sich darauf, dass ein Schaden z.B. durch ständige nicht kontrollierbare Störungen am Arbeitsplatz oder eine körperliche Schädigung oder eine Kritik seitens einer Leitungsperson bereits eingetreten ist. Die betroffene Person bewertet ihre Sollwerte als gefährdet und reagiert mit Emotionen wie Trauer, Wut oder Gefühlen wie Hilflosigkeit oder Verzweiflung.

b) Bedrohung meint eine mögliche antizipierte Schädigung. Eine erwartete Schädigung löst dann das Gefühl der Angst aus. Schaden-Verlust-Bewertungen können mit Bedrohungsbewältigungen verknüpft sein. Dazu gehört beispielsweise der Verlust einer nahstehenden Person. Die Schädigung ist durch den Verlust aufgetreten und könnte zugleich eine Bedrohung für zukünftige Anforderungen (z. B. Verwitwung) sein.

c) Diese Kategorie rekurriert nicht primär auf eine Schädigungsbewertung, sondern auf eine Transaktion einer schwer erreichbaren oder risikoreichen aber mit positiven Folgen konnotierten Bewältigung einer Situation. Eine solche Bewältigung bedeutet die Bestätigung oder Entwicklung eigener Kompetenzen. Während die beiden ersten Kategorien mit negativen Emotionen verknüpft sind, ist die Kategorie „Herausforderung" zumindest temporär mit positiven Emotionen verbunden (vgl.: Faltermaier, 2017: 94f; Kaluza, 2015: 44f.).

2.2.3.2 Die sekundäre Bewertung

Die sekundäre Bewertung bezieht sich auf die Einschätzung der eigenen Kompetenzen zur Bewältigung der jeweiligen Anforderungen. Eine wahrgenommene Soll-Ist-Diskrepanz wird hinsichtlich routinierter Bewältigungsstrategien, die normalerweise ausreichen, um Herausforderungen leisten oder Verlust bzw. Schaden abwenden zu können, eingeschätzt. Sollte die Person zu dem Ergebnis kommen, dass die bisherigen Regulationsmechanismen nicht ausreichen, kommt es zu einer Unsicherheit, die die Stressreaktion auslösen. Auch bei der sekundären Einschätzung greift das Individuum auf bisherige Erfahrungen aus der Vergangenheit zurück. Solche Erfahrungen können generelle Einstellungen gegenüber der eigenen Hilflosigkeit oder ein Vertrauen in die eigenen Fähigkeiten zur Bewältigung der Anforderungssituation sein. Lazarus betont, dass die Unterscheidung in primär und sekundär keine Hierarchie der Entscheidungswichtigkeit bzw. Notwendigkeit ist und diese Entscheidungsprozesse parallel ablaufen können. Die wesentliche Differenz dieser beiden Entscheidungsprozesse besteht darin, über was entschieden wird und ist somit eher kategorial zu verstehen. Hinzu kommt, dass sich beide Entscheidungsprozesse gegenseitig beeinflussen und damit auch überlappen können. Damit wird eine zeitliche Reihenfolge, dass der sekundäre Bewertungsprozess dem primären unbedingt folgen muss, aufgehoben. So können z. B. Erwartungen, dass bestimmte Anforderungen zu bewältigen sind, eine primäre Bedrohungsbewertung komplett verhindern. Trotz der möglichen Parallelität oder Überlappung der beiden Bewertungsprozesse wirkt sich die primäre Bewertung auf die sekundäre dahingehend aus, dass sie je nach Art der Einschätzung zur Auswahl bestimmter Bewältigungsprozesse führt. Die Auswahl der Bewältigungsprozesse unterscheidet sich hinsichtlich der primären Einschätzung dahingehend, ob eine Situation als Herausforderung oder als Bedrohung bewertet wird oder ob der Schaden bzw. Verlust bereits eingetreten ist (vgl.: Kaluza, 2015: 45; Lazarus, 1981: 238).

2.2.3.3 Die Neubewertung

Durch Rückmeldungen aus der Umwelt über die eigenen Reaktionen und deren Konsequenzen, sowie neuen Hinweisen über die Situation und subjektiven Überlegungen kann bzw. kommt es zu einer Neubewertung der ursprünglichen primären und sekundären Bewertungen. Die Einführung dieses Bewertungsprozesses macht deutlich, dass die transaktionale Stresstheorie von einem dynamischen Rückkoppelungseffekt zwischen Person und Umwelt ausgeht. Dabei befindet sich das Individuum in einem kontinuierlichen Prozess der Adaption an situative Anforderungen. Beispielsweise können Arbeitsanforderungen auf Grund der Rückmeldungen von Kollegen/Kolleginnen, Kunden/Kundinnen oder Vorgesetzten in der Bewertung der eigensetzten Bewältigungsstrategien zwischen den „Polen" Herausforderung oder Bedrohung schwanken. Der Prozess der Neubewertung kann wiederum zur Bildung von Erfahrungen beitragen und ist damit ein stabilisierender Moment während dieses Gesamtprozesses. Neubewertungen tragen damit zur Herausbildung von situationsübergreifenden und zeitstabilen Bewertungsstilen bei. So könnte eine Person in der Vergangenheit bestimmte (Arbeits-)Anforderungen eher als Bedrohungen bewertet und damit einen Kontrollverlust konnotiert haben. Umgekehrt könnte sie aber auch eigene Bewältigungsstrategien tendenziell überschätzt haben (vgl.: Kaluza, 2015: 46). Der Begriff der Neubewertung (reappraisal) ist in der transaktionalen Stresstheorie nicht nur mit dem Bewertungsprozess verbunden, sondern auch mit möglichen Copingstrategien, die in dieser Theorie ebenfalls eine hohe Bedeutung haben. „I also used the term cognitive coping to express this idea that coping can influence stress and emotion merely by a reappraisal of the person environment relationship" (Lazarus, 1999: 77).

2.2.3.4 Copingstrategien

Unter Coping wird ein Prozess zur Bewältigung von Stress verstanden, der nach dem Bewertungsprozess einer Situation initiiert wird. Wie dieser Prozess (und damit ist nicht unbedingt gemeint, dass er erfolgreich ablaufen muss) verläuft, hängt von den Ressourcen und den Bedingungen der Umwelt ab. Der Copingprozess ist deshalb von großer Bedeutung, da Stress (also insofern eine Situation, die als stressig bewertet worden ist) und eben der Bewältigungsprozess Konsequenzen für das Individuum hat. „Der wesentliche Unterschied liegt jedoch in den Folgen von Stress, und diese werden durch die jeweiligen Bewältigungsstrategien erzeugt, deswegen sollten wir ihnen unsere Aufmerksamkeit widmen" (Lazarus, 1995: 216). Der Begriff der Strategie verweist damit auf die kognitive Ebene des Bewältigungsprozesses und bedeutet zugleich, dass die Menschen Stress nicht passiv ausgesetzt sind, sondern versuchen können, Belastungen zu reduzieren. Damit gehören die Bewältigungsstrategien genauso zum Stressprozess, wie die Bewertung ob und in welcher Form eine Situation als stressrelevant eingeschätzt wird. Schließlich wird den Bewältigungsstrategien eine moderierende Rolle zwischen den Stressoren und möglichen Krankheitsfolgen zugeschrieben (vgl.: Faltermaier, 2017: 94). Allerdings bedeutet die Initiierung von Bewältigungsstrategien nicht, dass diese unbedingt erfolgreich sein müssen. Im Wesentlichen wird zwischen zwei bzw. drei verschiedenen Strategien unterschieden, wobei sich Lazarus auf die ersten beiden Funktionen bezieht.

a) probleminduzierte oder instrumentelle Bewältigungsversuche:
Diese Bewältigungsstrategie fokussiert auf Veränderung der Personen-Umwelt-Relation. Stressoren sollen reduziert oder eliminiert,

also das Problem selbst soll verändert werden. Dieses kann am Arbeitsplatz z.B. durch ein Gespräch mit der Leitung geschehen in deren Folge die Arbeitsbedingungen korrigiert werden.

b) emotionsorientierte oder palliative Bewältigungsversuche:
Diese Bewältigungsstrategie bezieht sich auf die Kontrolle und Regulation von Emotionen. Hier wird nicht versucht die Situation zu verändern, sondern die mit einer Situation konnotierten Emotionen. Beispielsweise können Überforderungssituationen am Arbeitsplatz, die zu Ängsten führen, durch Entspannungstrainings oder Sport reduziert werden.

c) kognitive Bewältigungsversuche:
Diese bei Lazarus nicht explizit erwähnte Bewältigungsstrategie, die aus kognitiven Interventionsansätzen stammt, meint eine Veränderung von Einstellungen und Veränderungen, die stressprovozierend sein können. Gemeint sind Einstellungen wie perfekt sein zu müssen. Solche Einstellungen oder Motive können sich auf eine aktuelle Situation aber auch auf langfristige immer wiederkehrende Muster beziehen, die durch Reflektion in Frage gestellt werden können (Faltmaier, 2017: 96; Kaluza, 2015: 63f.).

Neben den verschiedenen Funktionen der Stressbewältigungsversuche lassen sich noch vier verschiedene Formen von Bewältigung identifizieren, die den Funktionen zugeordnet werden können. Die Stressbewältigung kann geschehen:

a) durch die Suche nach Informationen
b) durch direkte Handlungen (z. B. um Hilfe bitten)
c) durch Unterlassung von Handlungen bzw. Unterdrückung von Handlungsimpulsen
d) der Bedrohungen intrapsychisch, z. B. durch Leugnung zu begegnen (vgl.: Faltmeier, 2017: 97).

Welche der Bewältigungsversuche unternommen werden, hängt von der vorherigen Stressbewertung ab. Außerdem müssen solche Versuche nicht zwangsläufig erfolgreich sein. Sie können gegebenenfalls sogar dysfunktional sein, wenn es z.B. zu einem erhöhten Alkoholkonsum oder Medikamentenmissbrauch zur Reduktion von Angst am Arbeitsplatz kommt (vgl.: Brinkmann, 2014: 216; Faltmaier, 2017: 98; Kaluza, 2015: 63f.).

Das transtheoretische Stressmodell zeigt die Komplexität des Stressgeschehens und die ständigen Rückkoppelungseffekte in der Person-Umwelt-Relation, sowie die damit zusammenhängenden Bewertungen und nachfolgenden Bewältigungsversuche. Diese Stärke der Theorie ist zugleich ihre Schwäche, da es sehr schwierig ist solche Prozesse empirisch adäquat zu erfassen und abzubilden. Da die transaktionale Stresstheorie den Stressprozess eher aktualgenetisch also eher kurzzeitig begreift, sollen diese Annahmen noch um ein soziologisch fundiertes Stressmodell ergänzt werden, da Stress oder auch berufsbedingte Belastungen durchaus als längerfristige Prozesse aufgefasst werden können.

2.2.4 Das soziologische Stressmodell nach Pearlin

Neben der eher psychologisch orientierten Stressforschung gibt es auch eine primär soziologisch fokussierte Stressforschung. In diesem Zusammenhang sind unterschiedliche Theorien und Modelle bekannt, die aber mit ähnlichen Konzepten wie der psychologischen Stressforschung arbeiten. Grundsätzlich betrachtet die soziologische Stressforschung Stress eher als eine längerfristige bzw. langfristige Belastung die mit gesellschaftlichen Bedingungen (sozioökonomischer Status, Familienstatus, Beruf, Alter, Geschlecht etc.) in Verbindung gebracht wird. Daneben werden Dauerbelastungen, die durch soziale Rollen wie Partnerschaft, Elternschaft, Berufsrollen etc. sowohl hinsichtlich möglicher Intra- wie auch Interrollenkonflikte und besondere Lebensereignisse (Scheidung, Tod eines nahestehenden Angehörigen, plötzliche Erwerbslosigkeit etc.) als langfristige Stressoren identifiziert (vgl.: Miebach, 2010: 40ff.; Faltermaier, 2015: 100).

Dem Stressmodell von Pearlin folgend wird Stress als Prozess aufgefasst, der über drei Aspekte gebildet wird. Ursächlich werden soziale Bedingungen angenommen, die sich über chronische Belastungen bzw. gravierende Lebensereignisse abbilden. Diese werden durch Mediatoren vermittelt, wobei das Stressbewältigungsverhalten und soziale Ressourcen von hoher Bedeutung sind. Stress manifestiert sich schließlich in Form von Gefühlen, Verhalten, funktionalem Handeln sowie psychischen und körperlichen Symptomen. Im Rahmen dieser Theorie sind Dauerbelastungen, die strukturell über Rollenerwartungen angelegt sind und sich als Rollenbelastungen (role strains) zeigen, ein wesentlicher Faktor im Stressprozess. Damit wird zugleich deutlich, dass diese Belastungen, Probleme und Konflikte zum Alltag gehören, da sie mit den unterschiedlichen Rollen konnotiert sind. Pearlin identifiziert sechs Arten von Rollenbelastungen:

a) Belastungen durch Aufgaben an die Rolle (z. B. Überforderungen)
b) Belastungen durch interpersonale Konflikte innerhalb einer Rolle (z. B. verschiedene Aufgaben in der Rolle der Elternschaft)
c) Intrapersonale Konflikte durch multiple Rollenanforderungen (z. B. Konflikt zwischen der Berufsrolle und der als Eltern)
d) Intrapersonale Konflikte durch eine unerwünschte oder nicht gewollte Rolle (Rolle als Rentner/Rentnerin)
e) Belastungen durch den Zugewinn bzw. Verlust von Rollen (z. B. zusätzliche Rollen durch eine Elternschaft)
f) Belastungen durch neue Anforderungen bzw. Veränderungen einer Rolle (z. B. Rollenveränderungen durch heranwachsende Kinder oder Veränderungen in der Berufsrolle)

Diese Belastungen entfalten ihre Wirkung dadurch, dass sie dauerhaft im Alltag der Menschen verortet bzw. sozialstrukturell bedingt sind und tangieren damit die Lebensbedingungen der Menschen erheblich. Sie beeinflussen aber nicht nur die Lebensbedingungen der Individuen, sondern wirken auf das Wohlbefinden bzw. die Gesundheit über deren Selbstwahrnehmung bzw. Selbstkonzept in den Belastungsprozessen und die damit verbundenen Emotionen bzw. Gefühle. Die negativen Wirkungen vermitteln den Betroffenen das Gefühl ihr Leben nicht mehr zu beherrschen. Die beiden Konzepte der Kontrolle (mastery) und Selbstachtung (self esteem) stellen Mediatoren zwischen Stressbedingungen und den Stressmanifestationen dar. Durch die Verbindung von sozialstrukturellen Bedingungen (also tägliche Realität) und individueller Stresserfahrung wird das Individuum und der Stressprozess in einen gesellschaftlichen Kontext gestellt und so eine Individualisierung und Psychologisierung des Stressprozesses vermieden. Diese Herangehensweise zeigt sich zugleich als anschlussfähig an das Konzept der Salutogenese und an Modelle der Arbeitsbelastungen (vgl.: Faltmaier, 2015: 102).

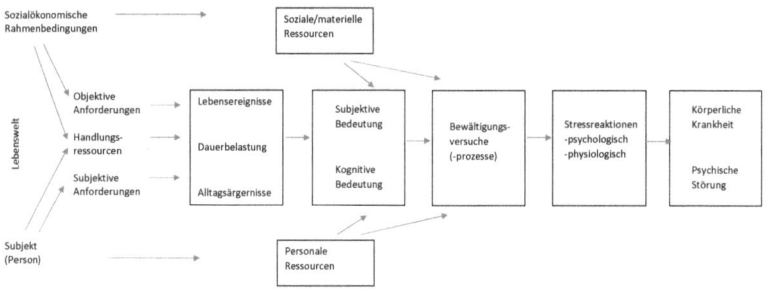

Abbildung 1 Der Stressprozess

Quelle: Faltmaier, 2015: 104, eigene Darstellung

Das Stressmodell (Abb. 1) zeigt, welche objektiven und subjektiven Faktoren Bedingungen für den Stressprozess sind, wie diese auf der Ebene des Individuums zusammenwirken und welche Formen der Stressbewältigung eine wesentliche Rolle spielen und zu welchen Folgen es bei einer unzureichenden Stressbewältigung kommen kann.

2.2.5 Stressreaktionen

Stress hat über die oben diskutierten psychosozialen, emotionalen, kognitiven und behavioralen Aspekte hinaus auch komplexe psychophysiologische Auswirkungen. Aus der biologischen Perspektive ist Stress eine Abweichung von einem Zustand der Homöostase, die durch routinierte physiologische Reaktionen nicht mehr kompensiert werden können. Der Organismus versucht individuelle physiologische Ist-Werte über neuronale und endokrine Steuerung den Soll-Werten anzupassen. Dieser Anpassungsprozess kann in eine akute bzw. langfristige Stressreaktion differenziert werden (vgl.: Brinkmann, 2014: 188).

2.2.5.1 Akute Stressreaktionen

Phylogenetisch betrachtet waren (behaviorale) Stressreaktionen in der Frühgeschichte der Menschheit überlebenswichtige Strategien, um ein

Individuum vor äußeren Gefahren zu schützen. Um bedrohlichen Situationen sehr schnell begegnen zu können, reagierte und regiert der Körper heute noch mit unwillkürlichen neuro-humoralen und vegetativ-physiologischen Reaktionen, die dazu führen, dass alle Organsysteme, die für eine Angriffs- oder Fluchtreaktion notwendig sind, schnell und effektiv aktiviert werden, hingegen jene die für eine solche Reaktion nicht erforderlich sind tendenziell und temporär begrenzt inaktiviert werden. Sobald eine bedrohliche Situation (Bedrohung) entsteht, wird eine duale Stressreaktion, die als fight or flight reaction (Kampf oder Fluchtreaktion) bekannt ist, ausgelöst. Die akute Stressreaktion, die ein kompliziertes Zusammenspiel zwischen dem zentralen Nervensystem, dem Hormonsystem und dem vegetativen Nervensystem ist, wird auch als erste Stressachse oder Sympathikus-Nebenniere-Achse bezeichnet. Durch einen Stressor wird über das Methencepahlon (Hinterhirn) Noradrenalin freigesetzt, welches den Sympathikus aktiviert, der die peripheren Organe und insbesondere das Nebennierenmark stimuliert. Das Nebennierenmark schüttet vermehrt Adrenalin ins Blut aus was zu einem Anstieg von Blutzucker, der Herzaktivität und zu einer Verbesserung der Muskeldurchblutung führt. Dieser Prozess, der in einem Bruchteil von Sekunden abläuft, dient der Abwehrbereitschaft eines (bedrohlichen) Stressors (vgl.: Brinkmann, 2014: 188; Kaluza, 2015: 24). Folgende Organsysteme sind bei der akuten Stressreaktion bzw. der ersten Stressachse betroffen:

- Aktivierung und Durchblutung des Gehirns
- Reduzierter Speichelfluss
- Erweiterung der Bronchien, Atembeschleunigung
- Schwitzen
- Erhöhte Muskelspannung
- Erhöhter Blutdruck
- Energiebereitstellung (Blutzucker, Fette)
- Hemmung der Verdauungstätigkeit und der Energiespeicherung
- Verminderte Durchblutung der Genitalien, Libidohemmung
- Erhöhte Gerinnungsfähigkeit des Blutes
- Kurzfristig erhöhte Schmerztoleranz
- Kurzfristig erhöhte Immunkompetenz
(vgl.: Kaluza, 2015:19)

Da es sich um eine unspezifische Reaktion handelt, treten diese Mechanismen auch bei Stressoren auf, die den „moderen" Menschen betreffen. Hier erweisen sie sich allerdings als inadäquat. Psychosoziale Anforderungen z.b. aus dem Berufsleben, die als Stress bewertet (s.o.) werden, lassen sich nicht durch eine phylogenetisch bedingte duale Angriffs- oder Fluchtreaktion lösen (vgl.: Kaluza, 2015:18f.).

2.2.5.2 Langfristige Stressreaktion

Der Aktivierung der ersten Stressachse folgt die Stimulierung der zweiten Stressachse, die zu einer langfristigen Stressreaktion führt. Sie wird als Hypothalamus-Hypophysen-Nebennierenrinde-Achse bezeichnet. Diese Stressachse wird aktiviert, wenn eine Belastung über längere Zeit andauert und dient dazu, die notwendigen Körperfunktionen, die für eine längere Stressreaktion notwendig sind, zu gewährleisten. Dabei wird über den Corticotropin-Releasing-Faktor (Hormon) die Hypophyse zur Freisetzung des adrenokortikotropen Hormons (ACTH) angeregt. Dieses gelangt über den Blutkreislauf zur Nebennierenrinde, die wiederum Glucokortikoide freisetzt. Diese Koritikoide tragen zu einer umfangreichen Stressreaktion bei. Sie reicht über vermehrte Bereitstellung von Blutzucker bis hin zu Reaktionen des Immunsystems.

Die erste und zweite Stressachse werden auch als Allgemeines Adaptionssyndrom (general adaption syndrome (GAS)) bezeichnet. Es handelt sich also um längerfristige Anpassung an eine Stresssituation. Geschieht dieser Prozess über einen physiologisch angemessenen Zeitraum, trägt er dazu bei, dass sich neue neuronale Netzwerke zur Stressreaktion bilden können. Dauert dieser Prozess aber zu lange an, dann wird er dysfunktional, da das Stresssystem nicht mehr in einen Zustand der Homöostase zurückkehren kann (vgl.: Kaluza, 2015: 24ff.; Myers, 2014: 528). Dadurch können folgende Funktionseinbußen, Einschränkungen oder sogar Erkrankungen auftreten:

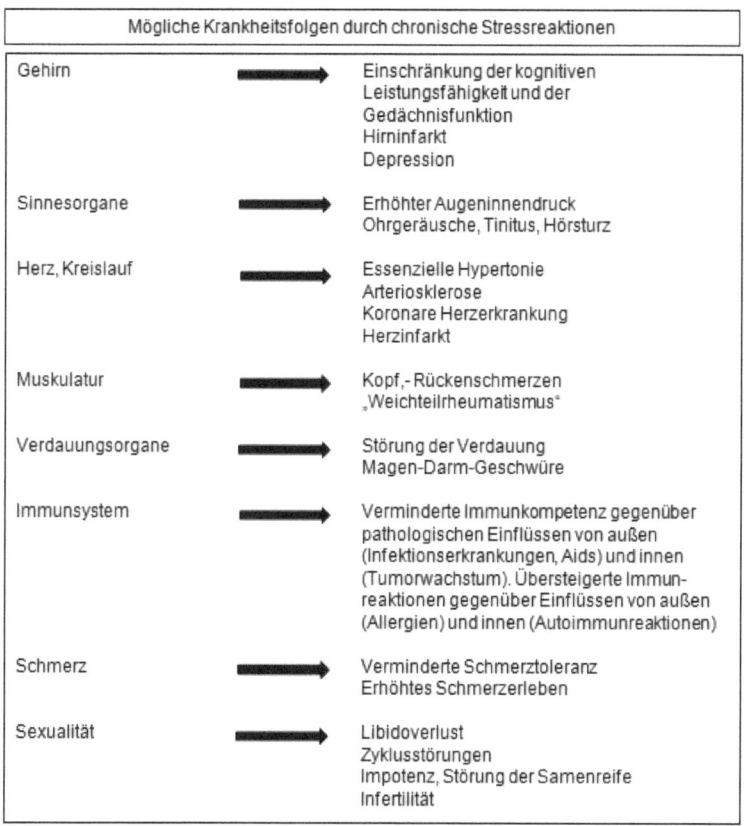

Tabelle 1 Krankheitsfolgen durch chronische Stressreaktionen

Quelle: Kaluza, 2015: 32, eigene Darstellung

Obwohl diese Stressreaktionen bei allen Menschen prinzipiell gleich verlaufen, gibt es individuelle Reaktionsspezifitäten. Diese sind durch das Zusammenwirken von biologischen, konstitutionellen und biografischen Faktoren bzw. Entwicklungen zu erklären. Ungünstige konstitutionelle Voraussetzungen können durch angemessene Copingstrategien reduziert werden und umgekehrt kann es trotz einer günstigen Konstitution bei inadäquaten Copingstrategien zu Beanspruchungen, gesundheitlichen Einschränkungen oder sogar zu Erkrankungen kommen. Darüber hinaus variieren Stressreaktionen über situationsspezifische Bedingungen. Diese Situationsspezifität der Stressreaktion erklärt sich über die Wahrnehmung des Stressors und die damit induzierten physiologischen Reaktionen. Damit ist das von Selye formulierte Postulat der unspezifischen Stressreaktion nicht haltbar, was aber nicht für die neuronalen und humoralen Vorgänge (s.o.) gilt.

2.3 Burnout

Die Popularisierung des Begriffs Burnout hat in den letzten Jahrzehnten enorm zugenommen. Nahezu jede erwachsene erwerbstätige Person in den westlichen Industriesaaten kennt bzw. weiß etwas mit dem Begriff anzufangen. Wird der Begriff Burnout in diversen Suchmaschinen des Internets aufgerufen, so wurden 2014 über 12 Millionen Suchergebnisse angezeigt (vgl.: Schermann, 2015: 4). Allerdings stellt sich die Frage, ob es nicht eine Diskrepanz zwischen der Popularität des Begriffs, den damit assoziierten Annahmen und einer wissenschaftlichen Fundierung gibt, da Burnout im Alltagsverständnis in der Regel als Erkrankung aufgefasst wird. Deswegen ist es zum besseren Verständnis von Burnout erforderlich, die Historie der Begriffsentwicklung zumindest kursorisch (aber nicht redundant) zu erörtern sowie die wissenschaftlichen Definitionen, die Ätiologie und die Epidemiologie zu diskutieren.

2.3.1 Burnout – Begriffsbestimmungen

Burnout stellt als Begriff eine Verdinglichung eines Zustandes bzw. das Ende eines Prozesses dar, um eine psychische Befindlichkeit und die damit assoziierten Ursachen fassbarer zu machen. Damit einher geht der Versuch dieses Phänomen durch weitere Adjektive, wie „gedrückt",

„niedergeschlagen", „erschöpft" etc. näher zu bestimmen. Einerseits wird auf diese Weise die Komplexität von psychischen Vorgängen versteh- und handhabbar gemacht. Andererseits bedeutet sie eine Relativierung und unter Umständen auch eine Verzerrung komplexer Zusammenhänge (vgl.: Koch/Lehr/Hillert, 2015: 3). Selbst mit der Übersetzung des Begriffs „Burnout" als „Durchbrennen" und nicht als „Ausbrennen", wäre der mit diesem Syndrom konnotierte Prozess nicht korrekt wiedergegeben. Parallel zu dieser begrifflichen Ungenauigkeit kommt die Tatsache, dass sozialwissenschaftliche Theorien weiterentwickelt, popularisiert und damit oft verkürzt werden. Gleichzeitig wird ihnen aber ein Wahrheitsgehalt unterstellt, der zwar in der Wissenschaft disputiert aber nicht im Alltag und der Alltagspraxis hinterfragt geschweige denn weiterentwickelt wird (vgl. Burisch, 2014: 9; Schermann, 2015:12) Allerdings muss der noch relativ jungen Forschung zum Burnout zugestanden werden, dass sie sich in der Entwicklung befindet. Schließlich bedurfte es ebenfalls langer Forschung, um andere Phänomene wissenschaftlich systematisieren zu können. Erst nachdem das Gehirn mit seinen Nervenzellen und später mit seinen Synapsen etc. als Ort des Denkens und des Empfindens identifiziert wurde, konnten bestimmte Krankheiten und dysfunktionale Zustände, entsprechend wissenschaftlichen Standards konzeptionalisiert und fachbegrifflich definiert werden. Es handelt sich also beim Burnout bzw. der Burnoutforschung auch um einen Wissenschaftsprozess.

Der Begriff Burnout geht, so der Konsens in der Wissenschaft, auf den deutsch-amerikanischen Psychoanalytiker Herbert J. Freudenberger zurück. Anfang der 70er Jahre des letzten Jahrhunderts beschrieb er zunächst bei (ehrenamtlich) Mitarbeitenden im Sozial- und Pflegebereich den Zustand der emotionalen und physischen Erschöpfung und verwies insbesondere auf die Symptome von Zynismus und Erschöpfung. Dabei fokussierte Freudenberger besonders auf die entstehende Beanspruchung in helfenden Berufen, die einerseits psychosoziale Unterstützung bieten, andererseits aber häufig Gefahr laufen, sich nicht ausreichend abgrenzen zu können und Erfolge ihrer Arbeit ihren Klienten und Klientinnen und weniger sich selbst attribuieren. Das Feedback seitens der Klientel bezogen auf die anspruchsvolle emotionale Arbeit bleibt in der Regel aus. Damit würden gerade diese Berufsgruppen in eine Burnout Falle geraten (vgl.: Schermann, 2015:8). Wenige

Jahre später befassten sich Christina Maslach und Ayala Pines intensiv mit dem von Freudenberger beschriebenen Phänomen und bezogen es auf weitere Sozialberufe. Die weitere Forschung differenzierte das Phänomen, das ursprünglich Flame-Out genannt wurde, in Ätiologie, Diagnostik, Definitionen, entsprechenden Erhebungsinstrumenten und der weiteren Theorieentwicklung (vgl.: Burisch, 2014: 5f.).

2.3.2 Burnout – Definitionen und Konzepte

Burnout zu definieren, ohne feuilletonistisch bzw. populärwissenschaftlich zu wirken, ist in Anbetracht der vielen aber randunscharfen Definitionen problematisch. Das Sprichwort „idem per idem" scheint hier sehr zutreffend zu sein. Burisch (2014: 16) vergleicht das Definitionsproblem mit der Taxonomie, also der systematischen Einteilung von Lebewesen anhand bestimmter anatomischer Merkmale. Nur wie soll eine Taxonomie einer begrifflichen Qualle vorgenommen werden? [3] Infolge des Mangels an einer konsentierten Definition gibt es entsprechend der verschiedenen Konzepte unterschiedliche akzentuierte Definitionen. Grundsätzlich lassen sich Zustands- von Prozessdefinitionen abgrenzen und dieses wiederum von Herangehensweisen über Mess-Skalen bzw. praxisorientierte Definitionen bzw. einer Symptomatologie (Burisch, 2014: 15ff; Koch, Lehr, Hillert, 2015: 6) Am bekanntesten und wohl am weitesten verbreitet ist die Definition von Maslach, welche aus ihrer arbeits- und organisationspsychologischen Forschung hervorgegangen ist.

> „Burnout is a syndrome of emotional exhaustion, depersonalization, and reduced personal accomplishment that can occur among individuals who do 'people work' of some kind. It is a response to the chronic emotional strain of dealing extensively with other human beings, particularly when they are troubled or having problems. Thus, it can be considered one type of job stress. Although it has some of the same deleterious effects as other stress responses, what is unique about burnout is that the stress arises from the social interaction between helper and recipient" (Maslach, 1982: 3).

---

[3] Vollständigkeit halber sei darauf hingewiesen, dass dieses Problem aber auch auf andere Phänomene, wie z.B. Depression oder ADHS zutrifft (vgl. Burisch, 2014:16f.).

Demnach ist Burnout als dimensionaler Prozess über die Faktoren emotionale Erschöpfung, Depersonalisierung und reduzierte persönliche Leistungsfähigkeit infolge einer überfordernden Arbeitstätigkeit definiert. Zugleich wird damit die Ätiologie, die Maslach später (vgl.: Maslach/Leiter, 2001) relativiert, an den Arbeitsprozess gebunden. Im Zentrum der Burnoutkonzepte stehen insbesondere Arbeitsbedingungen bzw. -belastungen und deren Bewältigung. Darüber hinaus werden sozial-gesellschaftliche Verhältnisse konzeptionalisiert. In der Folge wird Burnout sowohl mit Depression wie auch mit Stress konnotiert (vgl.: Kaschka/Korczak/Broisch, 2011: 1; Richter/Hacker, 2017: 145).

Bei Stress liegen die Symptome der Erschöpfung und Übermüdung zwar ebenso vor, wie bei einem Burnout, allerdings nicht die der Depersonalisation und der emotionalen persönlichen Betroffenheit bzw. persönlichen Erfüllung. Dennoch gibt es keine Übereinstimmung darüber, ob Burnout ein eindimensionales Phänomen ist, das sich durch emotionale und physische Erschöpfung zeigt oder ob die Faktoren der Depersonalisation und der persönlichen Erfüllung notwendige Bedingungen sind (vgl.: Richter/Hacker, 2017: 145). Die meisten Autoren gehen inzwischen davon aus, dass neben den arbeitsbezogenen Belastungen auch individuelle Aspekte als Ursache für ein Burnout angenommen werden müssen (vgl.: Koch/Lehr/Hillert, 2015: 7). Bezogen auf Arbeitsmerkmale identifizieren Maslach und Leiter sechs Merkmale, die für einen Burnoutprozess bedeutsam sind:

- Das Ausmaß der Arbeitsanforderungen
- Kontrolle
- Gratifikation
- Qualifikation der sozialen Interaktion
- Fairness
- Werte

Eine fehlende oder unzureichende Passung des Individuums zwischen sich und diesen Arbeitsplatzmerkmalen erhöht die Wahrscheinlichkeit für einen Burnoutprozess (vgl.: Maslach/Leiter, 2001: 41ff.). Damit wird deutlich, das Burnout primär als ein systemisches Problem definiert wird, zu dem individuelle Risikofaktoren wie überhöhte idealistische und/oder perfektionistische Selbstansprüche und chronische Überlastung hinzukommen. Trotz intensiver Eingrenzungsversuche existieren nach wie vor zahlreiche mehr oder weniger plausible, empirisch validierte und theoriegeleitete Definitionen nebeneinander. In den Niederlanden haben beispielweise zwei Spitzenverbände von Arbeitsmedizinern und Psychologen eine Richtlinie vorgestellt, die Burnout als eine Unterkategorie von Überlastung bzw. Fehlbelastungen definiert. Demnach handelt es sich um ein Burnout, wenn alle der drei folgenden Kategorien erfüllt sind:

a) es handelt sich um eine Fehlbelastung
b) Die Beschwerden dauern seit mehr als sechs Monaten an
c) Gefühle von Müdigkeit und Erschöpfung stehen deutlich im Vordergrund
(vgl. Burisch, 2014: 19).

Damit ist Burnout eine Folge von Belastungen, wobei offenbleibt, woher diese stammen. Eine ätiologische Zuordnung wird interessanter Weise, wie auch sonst bei medizinisch-psychologischen Diagnosen nicht vorgenommen, was aber der überwiegenden Mehrheit der bisherigen Konzeptionalisierungen nicht entspricht. Als übergeordnete Reaktionskategorien werden Kontrollverlust und Hilflosigkeit als Folge erfolgloser Stressbewältigung identifiziert, was wiederum die Nähe zu den früheren Definitionen zum Ausdruck bringt. Ergänzt wird diese Definition dann mit einer Symptomliste, wobei vorherige psychiatrische Diagnosen Ausschlusskriterien für ein Burnout sind. Die inhaltliche Variabilität des Terminus Burnout führt dazu, dass dieses prozesshafte Phänomen eher beschreiben und weniger nach medizinisch-psychologischen Kriterien definiert wird. So kommt Burisch (vgl.: 2014: 19) auf folgende metaphorische Beschreibung des Burnoutprozesses von Maslach zurück:

> „[Burnout, Anm. d. Verf.] represent an erosion in values, dignity, spirit, and will – an erosion of the human soul. It is a malady that spreads gradually and continuously over time, putting people into a downward spiral from which it`s hard to recover" (Maslach/Leiter, 1997: 17).

Diese Definition, die auch schwedische Forscher auf Depressionen anwenden, kann ebenso gut auf Alkoholismus bezogen werden. Ihre Stärke ist allerdings, dass sie einerseits den Abwärtstrend und andererseits die dramatischen Veränderungen bei den Betroffenen erfasst (vgl.: Burisch, 2014: 22). Grosso modo bleiben die Definitionen teilweise tautologisch bei einer erheblichen Randunschärfe und damit ist das grundlegende Dilemma nach wie vor nicht hinreichend ausgeräumt: Wie soll etwas diagnostiziert werden, dass nicht eindeutig definiert ist (vgl.: Koch/Lehr/Hillert, 2015: 8; Burisch, 2014: 18f.)?

2.3.3 Burnout – eine Krankheit?

Ärztinnen, Ärzte und Laien diagnostizieren bzw. assoziieren Erschöpfungszustände mit einem Burnout. Dabei ist der Einsatz diagnostischer Verfahren an definierte Kriterien gebunden. Hierzu merkt die Deutsche Agentur für Health Technology Assessment (HTA) nach einer umfangreichen Literaturrecherche in 36 Datenbanken folgendes an:

> „Zentrales Ergebnis des HTA-Berichts ist, dass es bisher kein standardisiertes, allgemeines und international gültiges Vorgehen gibt, um eine Burnout-Diagnose zu stellen. Derzeit liegt es im ärztlichen Ermessen, Burnout zu diagnostizieren. Die Schwierigkeit besteht darin, etwas zu messen, das nicht eindeutig definiert ist. Die bisher diskutierten Burnout-Messinstrumente erfassen größtenteils verlässlich ein dreidimensionales Burnout-Konstrukt. Die bisher gelieferten Cutoff-Punkte erfüllen jedoch nicht den Anspruch der diagnostischen Gültigkeit, da die Generierung dieser Werte nicht wissenschaftlichen Testkonstruktionen entspricht. Die verwendeten Burnout-Messinstrumente sind differenzialdiagnostisch nicht validiert." (Korczak/Kister/Huber, 2010: 1)

Darüber hinaus ist die Symptomatologie von Burnout einerseits sehr umfangreich, andererseits nicht eindeutig abgegrenzt von anderen Störungen, was damit auch die Problematik der Komorbidität tangiert.

Sowohl Burisch, wie auch Schaufeli & Enzmann haben jeweils eine Synopse möglicher Burnout-Symptome vorgenommen und dabei Synonyme von Symptomen eliminiert. Burisch identifiziert ca. 130 Symptome, die nicht widerspruchsfrei erscheinen und die er in sieben Clustern zusammenfasst. Demgegenüber kommen Schaufeli & Enzmann auf knapp über 130 Symptome, die sie allerdings nach drei verschiedenen Ebenen systematisieren und anschließend weiter differenzieren (vgl.: Rösing, 2014: 58ff.; Kaschka/Korczak/Broich, 2011: 1) Schließlich konstatiert Burisch für seine Synopse, dass keines der Symptome Burnout-spezifisch ist. „Burnout has a certain gestalt quality, including configurations of symptoms, lifestyles, modes of thinking, job situations, and so on" (Burisch, 1993: 77).

Burnoutsymptome stimmen teilweise mit den Symptomen anderer Störungen, wie Depression, Neurasthenie, Chronic Fatique Syndrome, Anpassungs- und Angststörungen überein. Darüber hinaus werden verschiedene somatische Störungen (wie z.B. Schlaf-Apnoe-Syndrom, Leukämien etc.) genannt, die eine differenzialdiagnostische Abgrenzung nicht erlauben (Kaschka/Korczak/Broich, 2011: 5.; Koch/Lehr/Hillert, 2015: 9; Schermann, 2015: 14f.).

Konsequenter Weise wird Burnout im ICD-10 WHO im Kapitel XXI („Faktoren, die den Gesundheitszustand beeinflussen und zur Inanspruchnahme des Gesundheitswesens führen") unter dem Schlüssel Z73 gelistet. In den Z-Kategorien sind gesundheitliche Probleme systematisiert, die kein eigenständiges Krankheitsbild darstellen. In diesen Kategorien wird Burnout unter Z73 („Probleme mit Bezug auf Schwierigkeiten bei der Lebensbewältigung") in Z73.0 „Ausgebranntsein" (Burnout) Zustand der totalen Erschöpfung" erfasst und kann durch die Ziffer Z56 („Probleme mit Bezug auf Berufstätigkeit oder Arbeitslosigkeit") spezifiziert werden. Burnout ist also ein Syndrom, dass mit einem erheblichen subjektiven Leiden einhergeht, zu einem gravierenden Verlust von Lebensqualität und einer Einschränkung der Leistungsfähigkeit führt, ohne allerdings ein eigenes Krankheitsbild zu sein Kaschka/Korczak/Broich, 2011: 4f; Koch/Lehr/Hillert, 2015: 9).

Ob es gelingt, Burnout als eine „Depression spectrum disorders", als einen Risikofaktor für manifeste psychische und körperliche Erkrankungen zu operationalisieren oder eine Einordung als ein mehrstufiges Modell zwischen Gesundheit und Krankheit (was eine Anschlussfähigkeit an die Salutogenese bedeuten würde) zu etablieren, bleibt weiterhin Aufgabe der noch relativ jungen Forschung in diesem Bereich.

Dennoch bleibt zu konstatieren, dass die ätiologische Fokussierung und die fehlende Spezifität der Symptome einer Operationalisierung entsprechend der ICD-10 Standards widersprechen. Trotz dieser Problematik scheint es unstrittig, dass es das Phänomen Burnout, mit all seinen Konsequenzen für die Betroffenen, gibt. Burnout lässt sich vielleicht als subjektives Krankheits- und Störungsbild verorten, das eine weniger stigmatisierende Diagnose als Depression darstellt und insofern dazu beiträgt, dass mehr psychisch belastete Menschen Zugang zu einem Hilfesystem bekommen können. Außerdem verweist der Begriff heute noch auf die erheblichen subjektiven Konsequenzen einer (entfremdeten) Arbeit, Arbeitsbelastungen und auch auf gesellschaftliche Fehlentwicklungen. Insofern entlastet dieser Begriff Betroffene davon, die eigene Erschöpfung internal zu attribuieren (Kaschka/Korczak/Broich, 2011: 3f; Koch/Lehr/Hillert, 2015: 11; Schermann, 2015: 28).

2.4 Gesundheit und Arbeit

Arbeit ist originär keine psychologische Kategorie. Als Forschungsgegenstand ist sie eher den Sozial-, Wirtschafts- Ingenieurs- oder Rechtswissenschaften oder der Arbeitsmedizin zuzuordnen. Für die Psychologie, insbesondere die Arbeits- und Organisationspsychologie sowie die Gesundheitspsychologie wird sie zu einem Forschungsgegenstand, weil sie eine von Menschen ausgeführte Tätigkeit ist. Zwischen Mensch und (Erwerbs-) Arbeit handelt es sich also um ein transaktionales Verhältnis, wobei die Gesundheitspsychologie sich insbesondere auf die Wirkung der Arbeit auf den aktiven Menschen bezieht. Hier werden von Schüpbach und Krause zwei sich ergänzende Perspektiven differenziert:

a) Die entwicklungspsychologische Perspektive fokussiert darauf, wie Anforderungen der Arbeit, moderiert über die Arbeitstätigkeit und den inhärenten Arbeitsbedingungen sich auf die Gesundheit, das Wohlbefinden und die Persönlichkeitsentwicklung der Menschen auswirkt.

b) Die handlungstheoretische Perspektive analysiert, wie sich die Menschen antizipierend aktiv und zielorientiert mit ihren Arbeitsanforderungen auseinandersetzen und diese bewältigen (vgl.: Schüpbach/Krause, 2009: 495)

Somit bestehen zwischen der lebenslang ausgeübten (Erwerbs-)Arbeit und der Gesundheit wie dem Wohlbefinden der tätigen Menschen vielfältige und enge Korrelationen (vgl.: Bamberg/Ducki/Metz, 1998; Semmer/Udris, 2007; Ulich/Wülser, 2005). Insofern gilt Arbeitsfähigkeit bzw. Arbeitsunfähigkeit nicht nur im rechtlichen Sinne als Merkmal von Gesundheit bzw. Krankheit (vgl. Schüpbach/Krause, 2009: 495). (Erwerbs-)Arbeit ist ein wichtiger Aspekt der sozialökologischen Umwelt der Menschen, welcher Einfluss auf die Gesundheit hat. Darüber hinaus existieren aber auch andere gesundheitsrelevante Faktoren wie z.b. genetische Dispositionen, somatische oder psychische Vorerkrankungen etc.. Demnach geht es bei den Kautelen von Arbeit und Gesundheit um die Frage, ob sich gesundheitliche Einschränkungen auf Arbeit(-sbedingungen) zurückführen lassen oder zumindest empirische Korrelationen, die theoretisch fundiert sind, bestehen. Oder anders gefragt: Welchen Anteil haben Arbeitsbedingungen am Krankheitsgeschehen?[4] Der direkte Zusammenhang zwischen einem Arbeitsunfall und dessen Folgen sind ebenso evident wie bei Extremsituationen und deren gesundheitlichen Konsequenzen bei bestimmten Berufsgruppen, wie beispielsweise bei Lokführerinnen und Lokführern oder Polizistinnen und Polizisten im Kontext posttraumatischer Belastungsstörungen. Dennoch wirken die meisten berufsbedingten Stressoren nicht punktuell über einen isolierten Zeitpunkt, sondern schleichend über einen zu definierenden, oft langen Zeitraum. Damit ist der Beweis eines kausalen Zusammenhangs zwischen auslösenden tätigkeitsbezogenen Bedingungen und dem Gesundheitszustand komplexer. Obgleich diese Komplexität bereits bei bestimmten physikalischen oder chemischen Umweltbedingungen gilt, gibt es für diese Bedingungen exakte DIN-Vorschriften darüber, welche maximalen Arbeitsplatzwerte zur Vermeidung von Erkrankungen nicht überschritten werden dürfen. Belastungen durch Lärm, Staub, Hitze etc. sind in den Arbeitsschutzbestimmungen reguliert. Hingegen fehlen diese für psychische Belastungen. Die in den Arbeitsschutzbestimmungen festgeschriebenen Verpflichtungen umfassen nicht explizit psychosoziale Risikofaktoren der Arbeit (vgl.: Rigotti/Mohr, 2011: 71; § 5, Arbeitsschutzgesetz).

Trotz der oben beschriebenen Schwierigkeiten lässt sich konstatieren, dass Dauerbelastungen, insbesondere solche denen fremdbestimmte Berufstätige konstant ausgesetzt sind, zu erheblichen gesundheitlichen

---

4 Eine Diskussion über die Annahmen des Positivismus und seinen Hypothesen zur Beweisbarkeit könnte an dieser Stelle geführt werden, was zwar wissenschaftstheoretisch sinnvoll wäre, hier aber nicht leistbar ist.

Einschränkungen bzw. Erkrankungen führen. So konnten verschiedene Studien einen kausalen Zusammenhang zwischen gesundheitlichen Einschränkungen und Arbeitsbedingungen nachweisen. Darüber hinaus ist die Unterschätzung dieses Zusammenhangs ein weiteres Problem. Des Weiteren konnten Zusammenhänge zwischen objektiv beobachtbaren Tätigkeitsmerkmalen und chronischen Krankheiten nachgewiesen werden. Außerdem ist davon auszugehen, dass Stressoren nicht nur direkt auf die Gesundheit der Erwerbstätigen wirken, sondern zusätzlich über andere Faktoren vermittelt werden. Hierzu zählen unter anderem Insomnien, schlechtes Gesundheitsverhalten, verminderte Erholungsfähigkeit, und eine Reduzierung sozialer Unterstützung. Zwar sind die Zusammenhänge zwischen Arbeitsbelastungen und koronaren Herz-Kreislauferkrankungen, Muskel-Skelett-Erkrankungen sowie Depressionen besonders gut erforscht, gleichwohl assoziieren berufliche Dauerbelastungen mit anderen Erkrankungen wie Infektions- und Abhängigkeitserkrankungen und Schwangerschaftskomplikationen. Die empirischen Befunde, deren Grundlage theoretische Modelle der Arbeitsbelastungen sind, dokumentieren insgesamt einen maßgeblichen Einfluss von chronischen Belastungen auf die Entstehung von somatischen und psychischen Erkrankungen (vgl.: Faltermaier, 2017: 125; Rigotti/Mohr, 2011:74; Rau, 2011. 91). Dabei gelten Dauerbelastungen neben Lebensereignissen als wesentliche Faktoren für die Entstehung von Stress, die wiederum in der Ätiologie von Krankheiten wesentliche Prädiktoren sind (vgl.: Faltermaier, 2017: 117). Stress ist in der multifaktoriellen Genese der Entstehung von Krankheiten zwar nur ein Risikofaktor aber dafür ein sehr gewichtiger. Gerade deswegen ist es von hoher Bedeutung, um die Funktionsweisen von Stressprozessen zu wissen und die unterschiedlichen Stressmodelle, wie sie oben beschrieben wurden, zu kennen, um diese komplexen Prozesse nicht unsachgemäß zu vereinfachen.

Unisono lässt sich feststellen, dass die Thematik stressverursachter Belastungen an Bedeutung gewonnen hat (vgl.: Uhle/Treier, 2019: 29). Dabei gilt es zu berücksichtigen, dass gleiche Belastungen bei verschiedenen Personen zu unterschiedlichen Beanspruchungen führen können. Dieses Phänomen verweist sowohl auf individuelle Aspekte von Bewältigungsstrategien wie auch auf die differenzierte Mobilisierung von (Arbeits-) Ressourcen. So können Persönlichkeitsmerkmale wie eine hohe Verausgabungsbereitschaft oder inadäquate Stressbewältigungsstrategien zu dem Beanspruchungserleben ebenso beitragen wie Vorbelastungen oder Vorerkrankungen (vgl.: Faltermaier, 2017: 126).

Für die vorliegende Arbeit geht es aber nicht darum festzustellen ob Arbeitsbelastungen zu Beanspruchungen mit Krankheitswert führen. Ausgehend von Annahmen der Salutogenese wird kein dichotomes Verständnis von Gesundheit bzw. Krankheit zu Grunde gelegt, sondern von einem Kontinuum zwischen den Polen Gesundheit und Krankheit ausgegangen. Damit wird dem Sachverhalt Rechnung getragen, dass es nicht wie bei einer psychologischen Diagnostik einen Cut-Off-Point zur Feststellung eines Status Quo geben muss. Es geht also, wie in den o.g. Studien, nicht um die individuelle Feststellung einer Störung oder Erkrankung, sondern darum ob gesundheitliche Belastungen und Stressoren in der Untersuchungsgruppe vorliegen und zu Beanspruchungen führen. Damit können verursachende Bedingungen identifiziert werden und evtl. Hinweise für eine Primärprävention gegeben werden. Parallel hierzu werden Ressourcen erhoben, die etwaige Beanspruchungen abmildern können.

2.5 Modelle der Arbeitsbelastung

Ein Arbeitssystem stellt ein soziotechnisches Konstrukt dar, in welchem Arbeitsaufgaben unter vorgegebenen technischen, organisatorischen und sozialen Bedingungen erfüllt werden müssen. Die Arbeitsbedingungen werden personenunabhängig als „Soll-Tätigkeiten" definiert. Aus dem Zusammenwirken der Arbeitsbedingungen des jeweiligen Arbeitssystems und den individuellen Qualifikationen, Kompetenzen und Bewältigungsstrategien der Erwerbstätigen lassen sich die individuellen Beanspruchungen ermitteln. Grundlage für die Zusammenhänge in der arbeitspsychologischen Stress- und Gesundheitsforschung sind verschiedene Modelle der Arbeitsbelastungen, die eine theoriegeleitete Analyse ermöglichen. Die wesentlichen Modelle der Arbeitsbelastungen werden in den folgenden Kapiteln vorgestellt. Diese Modelle erlauben einen Zugang zu dem Thema der Arbeit, ohne dass es konkrete Arbeitsplatzanalysen geben muss, die im Rahmen der hier vorliegenden Arbeit ohnehin nicht leistbar gewesen wären (vgl.: Rigotti/Mohr, 2011:70; Schüpbach/Krause, 2009: 498).

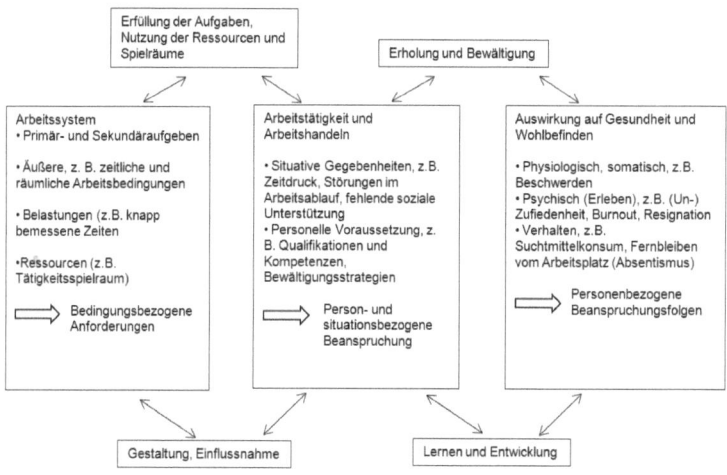

Tabelle 2 Arbeitstätigkeit und Arbeitshandeln

Quelle: Schüpbach: 2009: 499, eigene Darstellung

Es werden die wesentlichen Annahmen von vier zentralen Modellen vorgestellt. Dabei muss vorausgesetzt werden, dass Modelle nur eine (verkürzte) Anschauung sehr komplexer hochdifferenzierter Beziehungen zwischen den Forschungsobjekten (hier Arbeit und Erwerbstätige) wiedergeben. Den ausgewählten Modellen ist gemeinsam, dass sie von einer Reziprozität der Beziehungen zwischen den Menschen untereinander bzw. der Menschen zu ihrer Arbeit ausgehen. Demnach bewerten Menschen ihre Beziehung zu anderen Menschen oder zur Arbeit danach, ob Aufwendungen, wie Arbeitszeit, Sorgfalt, Verantwortung, Autonomie, Emotionen etc. und der Ertrag also Rückmeldungen, Emotionen, Gratifikationen in einer subjektiv ausgewogenen Relation stehen. Durch die Reziprozität dieser Modelle sind sie sowohl anschlussfähig an Annahmen der Salutogenese wie auch an das transaktionale Stresskonzept (vgl.: Hering, 2008: 71).

2.5.1 Das Job-Demand-Control-Modell

Das Job-Demand-Control-Modell (JDC) formuliert einen Zusammenhang von Arbeitsanforderungen (Job Demands) und Tätigkeitsspielraum (Control Latitude) mit gesundheitlichen Folgen der Arbeit. Nach dem JDC-Modell entstehen arbeitsbedingte Fehlbeanspruchungen (Job Strain) nicht durch einzelne Arbeitsanforderungen, sondern durch deren Zusammenwirken in einer Arbeitssituation und den Möglichkeiten bzw. Fähigkeiten der erwerbstätigen Person eigenständige Entscheidungen mit dem Umgang dieser Anforderungen zu treffen (vgl.: Hering, 2008: 74).

Durch die Dichotomisierung von Arbeit in die zwei Dimensionen Arbeitsanforderungen in Ausprägungen high bzw. low job strain und Kontrolle in den Ausprägungen high bzw. low control ergeben sich vier Kombinationsmöglichkeiten (vgl. Faltermaier, 2017: 121).

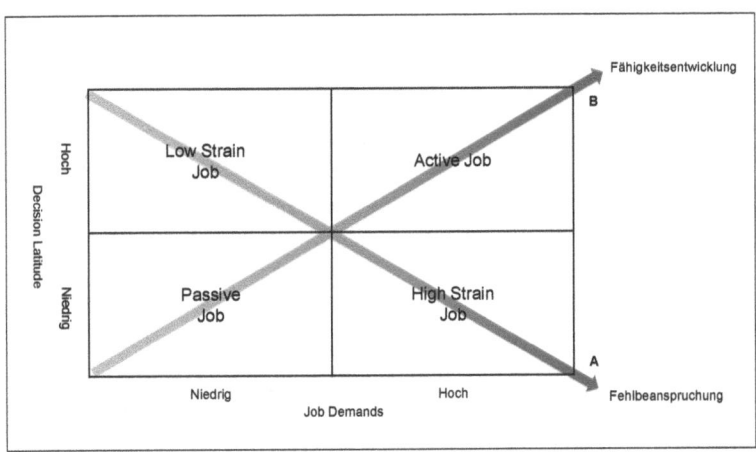

Abbildung 2   Das JDC Vier-Felder-Modell
Quelle: Karasek, 1979: 288, eigene Darstellung

Ein(e) Erwerbstätige(r) wird durch Arbeitsanforderungen in einen Zustand der Aktiviertheit versetzt. Der strukturelle Rahmen seiner/ihrer Arbeitstätigkeit definiert die Möglichkeiten des Individuums einen adäquaten Umgang mit den Arbeitsanforderungen zu finden. Bei einem geringen Tätigkeits- bzw. Entscheidungsspielraum kann den Anforderungen nicht angemessen begegnet werden und so kann daraus ein Job Strain und damit gesundheitsrelevante Arbeitsbelastungen werden.

Zwei zentrale Annahmen können anhand des JDC-Modells formuliert werden: Mit zunehmenden Job Demands bei reduziertem Handlungsspielraum (Decision Latitude) nehmen die psychischen Belastungen zu. Insbesondere die Kombination von hohen Arbeitsanforderungen (Job Demands) bei zugleich niedrigen Handlungsspielräumen (Decision Latitude) erhöht das Fehlbeanspruchungsrisiko. Arbeitstätigkeiten, die durch diese Kombination gekennzeichnet sind, werden als High Strain Jobs bezeichnet (Diagonale A).

Arbeitsplätze, die sich durch hohe Job Demands und einer hohen Decision Latitude auszeichnen, werden hingegen als Acitve Jobs bezeichnet. Solche Arbeitsplätze sind der individuellen Weiterentwicklung von (auch privaten) Kompetenzen förderlich (Diagonale B).

Demgegenüber sind passive Arbeitsplätze durch niedrige Job Demands und Decision Latitude gekennzeichnet, die perspektivisch zu einer Reduktion genereller Problemlösefähigkeiten von Personen führen.

Als letzte Kombinationsmöglichkeit aus diesem Model lassen sich die Low Strain Jobs identifizieren, die sich durch eine hohe Decision Latitude bei gleichzeitig geringen Job Demands auszeichnen und weder zu Fehlbeanspruchungen noch zu Kompetenzerweiterungen führen (vgl.: Gebele, 2010: 7).

Obwohl das JDC-Modell durch eine beeindruckende Zahl von empirischen Studien belegt werden konnte, beziehen sich die meisten dieser Arbeiten auf Industriearbeitsplätze (vgl.: Angerer et al, 2014; Richter et al, 2011; Siegrist/Dragano, 2008). Insofern war die Erweiterung dieses Modells zum Job-Demand-Control-Support-Modell eine konsequente Weiterentwicklung des JDC-Modells.

2.5.2 Job-Demand-Control-Support-Modell

Im ursprünglichen Modell von Karasek fand die soziale Dimension kaum Berücksichtigung. Dieser Aspekt ist aber in Dienstleistungsberufen mit quantitativ und qualitativ intensiven Klientenkontakten von hoher Bedeutung. Hinzu kommt, dass die Dimensionen Anforderungen und Kontrolle eher die situativen Bedingungen der Arbeit berücksichtigen, nicht aber den subjektiven Bewertungsprozess der Individuen. Es gibt aber sehr gute Belege, dass soziale Beziehungen im Arbeitsprozess für die Gesundheit bzw. die Entstehung von Krankheiten eine hohe Bedeutung haben. Die Bestätigung und Verfügbarkeit von sozialer Anerkennung durch Kollegen bzw. Kolleginnen und Vorgesetzte kann negative Effekte von psychischen Belastungen reduzieren. Demgegenüber erhöht das Fehlen sozialer Unterstützung sowie das Vorhandensein von Konflikten das Erkrankungsrisiko. Fehlender sozialer Rückhalt scheint insbesondere dann gravierende Auswirkungen auf die Gesundheit bzw. die Entstehung von Krankheiten zu haben, wenn sie mit geringer Kontrolle der Arbeitsbedingungen assoziiert sind (vgl.: Faltermaier, 2017: 121f.). Darüber hinaus ist zu berücksichtigen, dass die Interaktion mit der Klientel im Dienstleistungssektor, wie z.B. in einer Kita, besondere Ansprüche an die Beschäftigten stellt (vgl.: Kozak, 2013: 31). In Einrichtungen wie Kitas ist intensive Klientenorientierung (also die Beziehung zu den Kindern) und eine entsprechende Kundenzufriedenheit (der Sorgeberechtigten, anderer Kooperationspartner oder auch der Institutionen der Dienst- und Fachaufsicht) von hoher Bedeutung. Derart gestaltete Arbeitskontexte evozieren hohe Ansprüche an die Beschäftigten, von denen erwartet wird, dass sie ihre Emotionen im Umgang mit der Klientel oder in problematischen Situationen regulieren und darüber hinaus adäquat kommunizieren können. In diesen Kontexten wird von einer sog. Emotionsarbeit gesprochen. Damit ist die Fähigkeit gemeint, unabhängig von den eigenen Emotionen ein bestimmtes Gefühl nach außen hin zu kommunizieren. Besteht ein Widerspruch zwischen den eigenen und den gezeigten Empfindungen kann es zu einer Dissonanz kommen. Exemplarisch kann hierfür eine nach außen sichtbare freundlich-zugewandte Haltung in einem hochproblematischen Elterngespräch (wie es beispielsweise bei Fragen von Kindeswohlgefährdungen der Fall sein kann) genannt werden. Während zu Anfang der Entwicklung des JDC-Modells arbeitsbedingte Stressoren wie hohes Arbeitspensum, hoher Zeitdruck, Rollenkonflikte etc. als wesentliche Faktoren möglicher gesundheitlicher Einschränkung im Mittelpunkt standen, erweitert das

JDCS-Modell diese um die Emotionsarbeit und damit um den wichtigen Faktor der klientenspezifischen Variablen (vgl.: Kozak, 2013: 31).

2.5.3 Das Job-Demands-Resources-Modell

Dem Job-Demands-Resources-Modell (JDR-M) liegen Gleichgewichtsmodelle von Arbeitsstress und Annahmen der Belastungs- und Beanspruchungsmodelle zu Grunde. Damit weist es Verbindungen zu den oben diskutierten Modellen und zu dem Effort-Reward-Imbalance-Modell (ERI-Modell) auf. Auf einer ersten Achse wird die Bedeutung von Arbeitsanforderungen und Belastungen für gesundheitliche Folgen analysiert und auf einer zweiten die Bedeutung von Ressourcen für das Arbeitsengagement und die Identifikation der Erwerbstätigen mit ihrer Arbeit bzw. ihrem Arbeitgeber (vgl.: Schaufeli & Bakker, 2004: 293ff.). Arbeitsanforderungen und Arbeitsressourcen setzen sich in diesem Modell aus physischen, sozialen und organisatorischen Faktoren zusammen. Hohe Arbeitsanforderungen können beispielsweise große physische Arbeitsbelastungen unzureichende soziale Unterstützung oder Überlastung der eigenen Fähigkeiten aufgrund organisationaler Defizite sein. Demgegenüber können Arbeitsressourcen zum Erreichen von Arbeitsaufgaben funktional sein oder sich arbeitsorganisatorisch auf eine Arbeitsplatzgarantie, sowie auf monetäre und andere Gratifikationen beziehen. Feedbacks von Vorgesetzten oder die Unterstützung von anderen Mitarbeitenden sind interpersonale Ressourcen. Weitere wichtige Ressourcen sind Rollenklarheit und die Beteiligung an Entscheidungen, womit auch eine Verbindung zur Kontrolle der oben diskutierten Modelle Nahe liegt (vgl.: Pöschke, 2015: 5; Hering, 2008:107). Verausgabungen und der zeitlich begrenzte Einsatz von Ressourcen evozierten kurzfristige regulierbare Beanspruchungen, wobei ein dauerhafter Einsatz von Ressourcen zu Erschöpfung und einer Reduzierung des Leistungsniveaus führen kann. Menschen setzen unter den Bedingungen von Arbeit Strategien ein, um ihre Leistungsfähigkeit aufrecht zu erhalten. Eine permanente Aktivierung dieser Strategien oder auch Ressourcen führt zu stressinduzierten und subjektiv erlebten Verausgabungen. Je stärker diese Aktivierung erfolgt, desto

ungünstiger sind die gesundheitlichen Folgen (vgl.: Schaufeli & Bakker, 2004: 293ff.; Demerouti et al., 2001: 499ff.).
Bei akzeptablen Arbeitsanforderungen sind die Erwerbstätigen in der Regel in der Lage ihr Leistungsniveau durch einen moderaten Einsatz von Ressourcen aufrecht zu erhalten. Kontinuierliche und unangemessene Arbeitsanforderungen führen dazu, dass die Beschäftigten ihre zur Verfügung stehenden Ressourcen dauerhaft zur Aufrechterhaltung ihrer Leistungsfähigkeit einsetzen müssen, was eine zusätzliche Verausgabung (aktives Coping) erfordert, wenn eine Leistungsreduzierung nicht akzeptiert wird (passives Coping). Kurzfristige Steigerungen der Leistungsanforderungen können im Gegensatz von dauerhaften Steigerungen der Leistungsanforderungen durch Ressourcen abgepuffert werden. Eine langfristige Steigerung der Leistungsanforderungen könnte durch ein dauerhaft hohes Engagement kompensiert werden, was aber zu Gratifikationskrisen führen kann. Demgegenüber unterstützen Ressourcen die persönliche Weiterentwicklung, aktives Lernen, das Engagement und die Identifikation mit der Arbeit bzw. der Arbeitsorganisation, zumal die Erwerbstätigen Autonomie und damit Kontrolle präferieren (vgl. JDC- und JDCS-Modell). Als Ressourcen werden neben der Entlohnung andere Gratifikationen wie Partizipation, Autonomie, Arbeitsplatzsicherheit und Unterstützung durch Vorgesetzte betrachtet (vgl.: Pöschke, 2015:22; Hering, 2008:107; Demerouti et al, 2001: 499f.; Dermouti, 2000: 454ff.; Siegrist, 1996a: 27ff.).

2.5.4 Das Modell beruflicher Gratifikationskrisen

Das auf den deutschen Medizinsoziologen Siegrist zurückgehenden Effort-Reward-Imbalance Modell (ERI) auch als Modell der beruflichen Gratifikationskrise bekannt, wurde aus den theoretischen Grenzen des JDC- bzw. des JDCS-Modells entwickelt. Auch diesem Modell liegt die Hypothese der sozialen Reziprozität in einem Arbeitsverhältnis zu Grunde. Die zentrale Annahme des ERI-Modells ist, dass dauerhafte Arbeitsbelastungen zu einer Gratifikationskrise und damit zu krankmachendem Stress führen. Diese ist Ausdruck einer chronifizierten sozialen Krise und liegt dann vor, wenn es „ein Missverhältnis zwischen

(hoher) erbrachter Arbeitsleistung und (vergleichsweise niedriger) Belohnung" (Siegrist, 1996: 97) gibt. Das ERI-Modell identifiziert drei Ebenen der beruflichen Gratifikation:
- Arbeitsplatzsicherheit und Möglichkeiten der beruflichen Weiterentwicklung
- Monetäre Entlohnung
- Anerkennung bzw. Lob
  (vgl.: Siegrist, 2002: 261ff.).

Gratifikationen sind demnach sowohl materiell wie auch immateriell. Die der Gratifikationskrise zu Grunde liegende Verausgabung kann sowohl extrinsisch und oder auch intrinsisch verursacht sein. Dieses Modell umfasst also sowohl extrinsische soziale Aspekte der strukturellen Arbeitsbedingungen und Anforderungen wie Arbeitszeiten, Zeitdruck etc. als auch intrinsische Gesichtspunkte wie eine exzessive berufliche (und nicht vom Arbeitgeber eingeforderte) Verausgabungsbereitschaft, die auch als Overcommitment bezeichnet wird. Durch diese Herangehensweise findet das personale bzw. individuelle Bewertungs- und Bewältigungsverhalten von Belastung und Stress Eingang in dieses Modell, was zugleich eine anschlussfähig an das transaktionale Stressmodell (s.o.) bedeutet.

Das Overcommitment, das auch als intrinsisches Kontrollverhalten betrachtet werden kann (vgl.: Faltermaier, 2017:123), entfaltet seine Wirkung insbesondere unter folgenden Bedingungen:
- Es fehlen Arbeitsplatzalternativen oder diese Alternativen sind schwer erreichbar.
- Die/Der betroffene Mitarbeitende verspricht sich strategische Vorteile durch sein Verhalten, wie beispielsweise die Annahme einer Beförderung oder Lohnerhöhung in absehbarer Zeit.
- Es liegt beim Beschäftigten ein spezifisches Verhaltensmuster vor (vgl.: Siegrist/Rudel, 2002: 473ff.; Schirmer, 2015: 8).

Überengagiert Beschäftigte evozieren eine ungünstige Relation zwischen Verausgabung und Belohnung, wobei sie eigene Ressourcen über- und ihren Arbeitsaufwand unterschätzen. (vgl.: Siegrist, 2002: 261ff.; Schirmer, 2015: 8). Die zentrale Aussauge dieses Modells ist, dass ein ungünstiges Verhältnis zwischen Verausgabung und Gratifikation zu krankmachendem Stress führt.

Die Validität des ERI-Modells wurde bezogen auf verschiedene Berufsgruppen und gesundheitliche Störungen belegt (vgl.: Kivimäki et al., 2006; Siegrist, 2002; Siegrist et al., 2004; Siegrist/Dragano, 2008; Stansfeld/Candy, 2006; Tsutsumi/Kawakami, 2004). Diese Validierung bezieht sich auch auf psychische Symptome (vgl.: Tsutsumi und Kawakami 2004; Siegrist/Dragano, 2008 und Siegrist, 2008), Burnoutsymptome (vgl.: Bakker/Killmer/ Siegrist/Schaufeli, 2000) die ebenso mit Komponenten des ERI-Modells wie eine depressive Symptomatik korrelieren (vgl.: Dragano et al., 2008; Preckel et al., 2007).

Die Verknüpfung von individuellen Bewertungs- bzw. Bewältigungsstrategien mit strukturellen Anforderungs- und Belohnungsaspekten von Erwerbsarbeit berührt die oben angedeutete grundsätzliche Frage nach Entfremdung, durch lohnabhängige Beschäftigung aus einer gesundheitsorientierten Perspektive. Schließlich ließe sich aus der Frage „Lohnt es sich zu arbeiten?" die Frage formulieren „Für was lohnt es sich zu arbeiten und für welche (gesundheitlichen) Konsequenzen"?

2.6 Betriebliches Gesundheitsmanagement

Der Begriff des Betrieblichen Gesundheitsmanagements (BGM) inkludiert eine Kritik an dem Begriff der Betrieblichen Gesundheitsfürsorge (BGF) und stellt zugleich einen Paradigmawechsel dar. Das Betriebliche Gesundheitsmanagement umfasst nicht mehr nur den Arbeitsschutz, betriebliche Gesundheitsfürsorge, kurative Maßnahmen etc., vielmehr definiert es Gesundheit als Gesamtaufgabe des Betriebes. Somit wird die Gesundheit (also nicht nur die Abwesenheit von Krankheit) der Mitarbeitenden als Querschnittsaufgabe bei allen Entscheidungen der Organisations- und Personalentwicklung als ein wesentliches Kriterium etabliert. Gesundheitsmanagement ist damit Ausdruck einer Betriebskultur und erfordert entsprechende Maßnahmen (Strukturen, Prozesse, Qualifizierungsprogramme, Kommunikationssysteme etc.) zur Verstetigung. Die Implementierung eines Gesundheitsmanagements erfordert einen hohen Grad an Differenzierung in den unterschiedlichen Bereichen und Ebenen eines Betriebes. Gesundheitsmanagement orientiert sich nicht ausschließlich an Kennzahlen der Krankheitsquoten, sondern auch an Faktoren wie der Verbesserung des Betriebsklimas, der Steigerung der Leistungsfähigkeit und der Entwicklung eines (verbesserten) Gesundheitsbewusstseins.

Der Umgang mit Gesundheit und Krankheit wird durch Unternehmenskulturen geprägt. Diese Kulturen bilden ein komplexes Interdependenzgefüge zwischen absichtsvoll geplanten Interaktionen (z. B. Entwicklung eines Leitbildes, einschließlich eines Gesundheitsmanagements) und sich ungeplant entwickelnden Interaktionsmustern zwischen Führungskräften und Belegschaft. Unternehmenskulturen und das Führungshandeln sind von zentraler Bedeutung für die vorurteilsfreie Thematisierung von psychosozialen und physischen Gesundheitsrisiken und beeinflussen ganz wesentlich die Implementierung eines erfolgreichen und nachhaltigen Gesundheitsmanagements (Becke, 2015: 129). Gesundheit und Gesundheitsförderung gehören zum übergeordneten Unternehmensziel, müssen organisiert und koordiniert werden. Damit ist das Gesundheitsmanagement eine Aufgabe der Unternehmensführung, ergo der Führungskräfte. Die Aufgabe einer Führungskraft beginnt "mit der Achtsamkeit für sich selbst, dem Reflektieren des eigenen Gesundheits-, Sozial- und Arbeitsverhaltens" (Krampitz, 2015: 165). Die Art und Weise wie geführt wird, hat erhebliche Auswirkungen auf das Erleben der Mitarbeitenden und damit auf deren Gesundheitsverhalten (vgl.: ebd.).

Gesundheitsmanagement ist sowohl Verhaltens- wie auch Verhältnisprävention. Es umfasst die individuelle wie auch die organisationale Ebene. Verknüpft werden diese beiden Ebenen nicht nur bei der Problemanalyse, sondern auch bei der Problemlösung. Damit ist das Gesundheitsmanagement zugleich ressourcenorientiert und versucht alle Mitarbeitenden aktiv einzubinden. Ein kontinuierliches Gesundheitsmanagement kann beispielsweise die Steigerung von Selbstwirksamkeitserwartung, Stress- und Krankheitsbewältigung begünstigen (vgl.: Hausen, 2015: 25f.).

Eine (innerbetriebliche) moderne Gesundheitspolitik stellt das Subjekt in den Mittelpunkt ihrer Maßnahmen, die durch Menschlichkeit, Wertschätzung und Vertrauen geprägt sind. Eine Kultur der Reparaturergonomie als Kompensationsstrategie gehört demzufolge der Vergangenheit an. Erholung und Arbeit sollten unter dem Aspekt ihrer positiven Wechselwirkungen betrachtet und nicht als antagonistische

Faktoren betrachtet werden. Ein konstruktives Gesundheitsmanagement sieht die Mitarbeitenden nicht als irgendeine, sondern als die wichtigste betriebliche Ressource (vgl.: Uhle/Treier, 2019: 40). In der betrieblichen Realität ist es oft so, das Betriebliche Gesundheitsfürsorge oder ein Betriebliches Gesundheitsmanagement erst in Angriff genommen wird, wenn bestimmte Kennzahlen, wie z.b. zunehmende krankheitsbedingte Fehlzeiten dazu Anlass geben. Dabei ist zu bedenken, dass viele Arbeitnehmer und Arbeitnehmerinnen trotz Erkrankungen ihrer Tätigkeit nachgehen. Eine nicht unbeträchtliche Anzahl der Bevölkerung führt eine sporadische oder regelmäßige Selbstmedikation durch, um die eigene Funktions- und Arbeitsfähigkeit aufrechtzuerhalten.[5] Dieser Präsentismus, der unterschiedliche Gründe haben kann, tangiert die Arbeitsleistung und demzufolge die Leistungsbilanz eines Unternehmens nachhaltig negativ (vgl.: Ducki, 2013: 5ff. und Holzbach, 2013: 75ff.). Insgesamt wurden zehn verschiedene Faktoren für Präsentismus identifiziert, wobei u. a. individuelle Aspekte, psychische Faktoren (und hier insbesondere Angstneurosen, Depressionen und Alkoholabusus), die Angst vor Arbeitsplatzverlust, die Unternehmenskultur und das Zeitmanagement eine Rolle spielen. Präsentismus ist ein wichtiger Indikator für eine Selbstgefährdung (vgl.: Lüdemann, 2015: 20f./Badura, B./Walter, U., 2014: 150). Darüber hinaus ist davon auszugehen, dass die Rahmenbedingungen der Erwerbsarbeit zu einer immer größeren inneren Zerrissenheit der Arbeitnehmer und Arbeitnehmerinnen führen, da sie sich dem wachsenden Leistungsanspruch nicht gewachsen sehen und sich selbst dafür verantwortlich machen (vgl.: Krause et al., 2009: 95). Die Produktionsausfälle und Ausfälle an Bruttowertschöpfung bedingt durch Fehlzeiten auf Grund psychischer Erkrankungen beliefen sich 2012 auf 17 Mrd. Euro. Die Kosten für Präsentismus werden durch die weniger effektiv Arbeitenden etwa zehnmal höher eingeschätzt (vgl.: Kröger et al, 2014: 289).

Ein wissenschaftlich fundiertes Gesundheitsmanagement setzt Begrifflichkeiten voraus, die theoretisch begründet sein müssen. Ohne solche fachwissenschaftlichen Annahmen lassen sich keine Thesen zur

---

5 An dieser Stelle sei der Vollständigkeit halber auf die hohe Zahl von Jugendlichen und jungen Erwachsenen verwiesen, die stressreduzierende Medikamente einnehmen und die enorm hohe Zahl an Medikamentenabhängigen (vgl.: Themann: 2008, S. 13).

Analyse definierter Problemstellungen und deren möglichen Lösung entwickeln. Aus diesen Gründen werden in diesem Kapiteln die theoretischen Grundlagen zur Analyse bzw. Lösung der Problematik zusammenfassend diskutiert.

Wie oben bereits erörtert, ist Betriebliches Gesundheitsmanagement ein komplexer Prozess, der sowohl die Struktur, die Akteure und die Interaktionsprozesse umfasst. Folgerichtig ist Betriebliches Gesundheitsmanagement die zielgerichtete Planung und Steuerung aller gesundheitsbezogenen Maßnahmen einer Organisation, wobei das Betriebliche Gesundheitsmanagement eine Managementaufgabe ist, was sich bereits aus ihrem umfänglichen Gegenstand ergibt (vgl.: Oppolzer, 2005: 57ff.). Das Ziel dieser Steuerung ist die "Erhaltung und Förderung der Gesundheit und des Wohlbefindens der Beschäftigten" (Wiemann, 2002, zitiert nach MA&T, 2017: 1).

Daraus ergibt sich, dass folgende Bereiche zum Betrieblichen Gesundheitsmanagement gehören:

– Arbeits- und Gesundheitsschutz
– Betriebliche Gesundheitsförderung
– Eingliederungsmanagement
– Suchtprävention
(vgl.: Hausen et al, 2017: 23).

Diese Bereiche gehören zum Aufgabenspektrum der Personal- und Organisationsentwicklung unter besonderer Berücksichtigung der demographischen Entwicklung. Dabei gehen die Formen des Arbeits- und Gesundheitsschutzes auf der einen und die Betriebliche Gesundheitsförderung auf der anderen Seite auf unterschiedliche Prämissen und gesetzliche Logiken zurück. Insofern ist es von Bedeutung, dass beide zum Betrieblichen Gesundheitsmanagement gehören. Trotzdem sollten diese Differenzen (in der Fachsprache und den Handlungslogiken) bekannt sein, damit Schwierigkeiten möglichst nicht entstehen oder schnell ausgeräumt werden können.

Das Arbeitsschutzrecht ist durch zwingende Verhaltensverpflichtungen normiert. So verlangt das Arbeitsschutzrecht kategorisch, dass Gefahren mit allen geeigneten Mitteln minimiert bzw. beseitigt werden müssen. Hier geht es also nicht mehr um ein partizipatives, freiwilliges Handeln, sondern um eine Normerfüllung. Zugleich stellt es Instrumente der Normdurchsetzung zur Verfügung. Die Normierungen des Arbeitsschutzes müssen also in ein Betriebliches Gesundheitsmanagement integriert und entsprechend nachvollziehbar innerbetrieblich kommuniziert sein.

Demgegenüber basiert die Betriebliche Gesundheitsfürsorge auf dem Prinzip der Freiwilligkeit. Das bedeutet, dass weder Arbeitgeber noch Arbeitnehmer zu Maßnahmen der Betrieblichen Gesundheitsfürsorge gezwungen werden können. Gleichwohl hat der Gesetzgeber seinen Wunsch nach Betrieblicher Gesundheitsförderung durch das Präventionsgesetz Ausdruck verliehen. Demnach sind die Krankenkassen verpflichtet, Arbeitgebern und Arbeitnehmern Leistungen zum Aufbau und zur Verbesserung gesundheitsförderlicher Strukturen anzubieten (vgl. § 20b SGB V). Zusätzlich gibt es die Möglichkeit nach § 167 SGB IX auf betrieblicher Ebene eine Integrationsvereinbarung zur Regelung der innerbetrieblichen Gesundheitsfürsorge zu treffen. Darüber hinaus hat der Gesetzgeber Anreize zur Förderung der Betrieblichen Gesundheitsfürsorge steuerlich begünstigt (vgl.: Faber/Faller, 2017: 57ff.).

Der Arbeits- und Gesundheitsschutz ebenso wie das Betriebliche Wiedereingliederungsmanagement (§ 167 Abs. 2 SGB IX) mit klar definierten normativen Verpflichtungen kann eher unter dem Aspekt der Pathogenese, also der Vermeidung von (erneuter) Krankheit betrachtet werden. Demgegenüber lässt sich der freiwillige Bereich der Betrieblichen Gesundheitsförderung der Salutogenese zuordnen.

Betriebliches Gesundheitsmanagement umfasst nicht nur diese beiden Bereiche, sondern geht als Querschnittsaufgabe, wie oben beschrieben, weit darüber hinaus. Alle betriebsrelevanten Entscheidungen werden unter dem Aspekt der positiven Gesundheitsentwicklung der Mitarbeitenden getroffen. Gesundheit ist damit kein abstrakter Wert mehr, sondern ein wesentliches Entscheidungskriterium der Betriebsentwicklung. Dabei sollte die Implementierung eines Betrieblichen Gesundheitsmanagements zunächst in fünf Schritten, die jeweils noch differenziert sind, erfolgen:[6]

---

6 Eine weiterführende Diskussion zur Einführung eines BGMs kann im Rahmen dieser Arbeit allerdings nicht geleistet werden.

- Finanzierung
- Analyse der IST-Situation
- Planung der Maßnahmen
- Durchführung der Maßnahmen
- Evaluation
  (vgl.: Schneider, 2011: 141ff.).

Die Komplexität des Gesundheitsbegriffs und nachfolgend die Operationalisierung von Gesundheit als strategischer betrieblicher Faktor erfordern entsprechende Analysemethoden, Instrumente und darauf bezogene adäquate Präventionsstrategien. Insofern werden Einzelmaßnahmen oder auch eine Vielzahl von Einzelmaßnahmen, wie es sie bei der BGF gibt, einem salutogenetischen Gesundheitsbegriff nur unzureichend gerecht. „Um Gesundheit in der Arbeitswelt zu fördern, bedarf es der Analyse (Risiken und Bedarf), gezielter Maßnahmen (Intervention auf Verhaltens- und Verhältnisebene) sowie der Kommunikation." (Uhle/Traeier, 2019: 38f.) Nachhaltigkeit, Systematik und Effektivität eines BGMs lassen sich nur durch Koordination, Verankerung und Qualitätssicherung im Sinne eines Qualitätsmanagements gewährleisten (vgl.: ebd.).

2.7 Die Kita als soziale Organisation

In der wissenschaftlichen Diskussion gibt es keinen Konsens darüber, was eine Organisation ist. In den unterschiedlichen Wissenschaftsdisziplinen werden teilweise, aus der eigenen Tradition heraus, sehr divergierende Definitionen verwendet. Inzwischen verwenden aber zunehmend mehr wissenschaftliche Disziplinen soziologische Charakterisierungen von Organisationen.[7] Demnach sind Organisationen auf der Mesoebene angesiedelt, also zwischen einfachen Interaktionen, Familien, Gruppen und der Gesellschaft als Ganzes. Merkmale, wie formale Regeln, formale Mitgliedschaft und eine kollektive Akteurschaft

---

7 An dieser Stelle kann keine ausführliche Diskussion der Entwicklung des Organisationsbegriffs geführt werden. Es sei aber auf die lange Forschungstradition beginnend mit M. Weber, E. Durkheim, K. Marx, N. Comte, F. Taylor und später T. Parsons, N. Luhmann etc. hingewiesen.

unterscheiden diesen Systemtyp von anderen. Durch formale Regeln finden Rollendefinitionen statt, die dann von den einzelnen Akteuren (mehr oder weniger erfolgreich) übernommen werden. Erst mit der Entstehung von Organisationen kann eine Differenz zwischen Erwerbsleben und Privatleben getroffen werden. Darüber hinaus ist der soziologische Organisationsbegriff für die vorliegende Arbeit von Bedeutung, weil er von kollektiven Akteuren ausgeht, die durch formale Regeln eine Organisation konstituieren. Damit ist dieser Begriff umfassender als der des Unternehmens und lässt sich auch auf nicht erwerbswirtschaftliche Einheiten, wie den Öffentlichkeits- (Kitas in öffentlicher Trägerschaft) oder Nonprofitsektor (Kitas in Trägerschaft von Vereinen, kirchlichen Trägern) beziehen (vgl.: Titscher et al., 2008: 26f.).

Dieser soziologische Organisationsbegriff umfasst damit zwei wesentliche Aspekte. Einerseits den Prozess des Organisierens (Arbeitsaufgaben, Arbeitsabläufe etc.) und andererseits inkludiert er das organisierte Sozialsystem der Individuen innerhalb der Organisationseinheit. Kitas sind demnach soziale Organisationen, weil sie

- gegenüber der Umwelt offen sind,
- zeitlich überdauernd existieren,
- definierte Ziele verfolgen,
- sich aus Akteuren bzw. Akteursgruppen zusammensetzen,
- und durch formale Regeln (Hierarchien, Arbeitsteilung, Kompetenzen etc.) gekennzeichnet sind

(vgl.: Rudow, 2017:17).

Neben definierten Zielen verfolgt eine Organisation einen Zweck und agiert dabei autopoietisch (vgl.: Luhmann, 1993). Für die Verfolgung des Zweckes erhalten die Organisationsmitglieder Anreize, wie Entgelt, Feedback, Fortbildungen, flexible Arbeitsverträge, Verhalten der Kinder etc. Diese Anreize sollten den Aufwendungen der Organisationsmitglieder entsprechen, weil es anderenfalls zu einem Missverhältnis auf der Ebene der Mitarbeitenden kommen kann. Eine solche Divergenz kann wiederum zu Belastungen bzw. Beanspruchungen und schließlich zu Stress, Gratifikationskrisen oder (weiteren) gesundheitlichen Folgeerscheinungen führen, wie sie oben in den unterschiedlichen Arbeitsbelastungsmodellen diskutiert wurden (Rudow, 2017: 16.).

Kitas sind komplexe Organisationen, die nicht nur eine Zielgruppe bezogen auf ihren Auftrag haben, sondern mindestens zwei Zielgruppen: Die betreuten Kinder und deren Sorgeberechtigten. Darüber hinaus sind sie verpflichtet mit einer Vielzahl anderer Organisationen, Institutionen und ebenso vielen unterschiedlichen Berufsgruppen zu kooperieren. Insofern ist es von besonderer Bedeutung, dass die Kita-Träger über angemessene Instrumente der Organisationsentwicklung verfügen, zumal es in den letzten Jahren erhebliche Veränderungen im Kita-Alltag gegeben hat. Hier sei nur beispielhaft auf die Betreuung der Kinder im Alter unter drei Jahren oder Anforderungen des Gesetzgebers bezüglich des Erkennens von Kindeswohlgefährdungen hingewiesen. Darüber hinaus lässt sich festhalten, dass Kitas soziotechnische Systeme sind, da sich das soziale System nicht unabhängig vom technischen System betrachten lässt. Obwohl in einer Kita die Mensch-zu-Mensch-Interaktion zweifelsfrei eindeutig dominiert, gewinnen technische Systeme auf zweierlei Ebenen an Bedeutung. Einerseits durch die zunehmende Digitalisierung, d.h. die Relevanz von mobilen internetbasierten Medien in Bezug zur Arbeitsfähigkeit der Mitarbeitenden. Andererseits dadurch, dass die Digitalisierung Inhalt von früher Bildung ist, d.h. die Bildung findet über digitale Medien aber auch mit digitalen Medien statt (vgl.: Nerdinger et al.:182; Rudow, 2017: 16f.).

Die Notwendigkeit einer prozesshaften und kontinuierlichen Organisationsentwicklung (OE) ist damit evident. Ohne differenziert auf diese Prozesse eingehen zu können, sollte eine Organisationsentwicklung in Kitas mindestens durch folgende Merkmale gekennzeichnet sein:

- OE ist eine geplante Form des Wandels
- OE ist langfristig angelegt
- OE betrifft die gesamte Organisation und nicht nur einzelne Abteilungen
- am OE-Prozess sind die Betroffenen beteiligt
- der Wandel wird durch erfahrungsgeleitete Lern- und Problemlöseprozesse herbeigeführt
- das Lernen und Problemlösen wird durch Verfahren der angewandten Sozialwissenschaften ausgelöst und unterstützt
- OE zielt auf die Verbesserung der Lebensqualität und Problemlösefähigkeit einer Organisation

- OE ist ein Ansatz eine Organisation von innen heraus zu verändern
- OE geht von einem Menschbild aus, das durch Aktivität, Kooperations- und Kommunikationsfähigkeit, Motivation und Selbstorganisation bestimmt ist
- OE schafft Lernsituationen im Alltag für Personen, Gruppen und das gesamte System
- OE verlangt Arbeitsgestaltung und Personalentwicklung
- OE ist strategisches Management und Teamentwicklung ist wesentlicher Bestandteil
(vgl.: Nerdinger et al., 2019: 180; Rudow, 2017: 17f.).

Im Gegensatz zu früheren Auffassungen sollte die Organisationsentwicklung nicht diagnostisch, sondern dialogisch mit allen Beteiligten erfolgen. Der Grund dafür ist, dass die involvierten Akteure Einblicke in die organisationale Realität der jeweils anderen erhalten. Somit wird es nachvollziehbar, wie diese ihre Realität konstruieren und in der Folge versuchen, Arbeitsprozesse zu organisieren. Damit werden Realitäten ausgehandelt und ebenso die Organisationsentwicklung (vgl.: Nerdinger et al., 2019:183).

2.8 Die Rahmenbedingungen für die Kita

Rechtlich werden Kitas durch den dritten Abschnitt des Sozialgesetzbuches VIII (SGB VIII) definiert, wobei auf landesrechtliche Konkretionen, die dem SGB VIII entsprechen, verwiesen wird (vgl.: § 22 Abs. 4, SGB VIII). Zu den landesrechtlichen Vorbehalten gehören beispielsweise die Umsetzung von Bildungsgrundsätzen, Vereinbarungen zu Fortbildungen etc. Grundsätzlich sollen die Kitas nach SGB VIII

- „[…] Die Entwicklung des Kindes zu einer eigenverantwortlichen gemeinschaftsfähigen Persönlichkeit fördern
- […] Die Erziehung und Bildung der Familien unterstützen und ergänzen
- […] Den Eltern dabei helfen, Erwerbstätigkeit und Kindererziehung besser miteinander vereinbaren zu können"
(§ 22 Abs. 2, Sätze 1–3, SGB VIII).

Dabei soll sich der Förderungsauftrag pädagogisch und organisatorisch an den Bedürfnissen der Kinder und deren Familien orientieren. In wesentlichen Angelegenheiten der Erziehung, Bildung und Betreuung der Kinder sollen die Eltern, in Bezug auf Entscheidungen, eingebunden sein. Dementsprechende Beteiligungsrechte werden beispielsweise in den Landesgesetzgebungen und nachfolgenden Bildungsvereinbarungen zwischen den Ländern und den Kita-Trägern weiter ausgeführt bzw. näher definiert (vgl.: § 22a Abs. 5, SGB VIII).

Dieser gesetzlich normative Auftrag bedeutet für die jeweilige Organisation eine entsprechende Organisationsstruktur zu entwickeln bzw. weiterzuentwickeln. Zugleich handelt es sich um einen direkten Auftrag an die Tätigkeit des pädagogischen Personals. Dabei ist es für die Organisationsentwicklung bedeutsam, dass der Gesetzgeber die Träger von Kitas zur Evaluation ihrer Maßnahmen und zu einer entsprechenden Berichterstattung gegenüber dem öffentlichen Jugendhilfeträger, also den kommunalen Jugendämtern verpflichtet (vgl.: § 22a, Abs. 1, SGB VIII).

Da dieser Auftrag in der Regel von Mitarbeitenden in einem Angestelltenverhältnis ausgeführt wird, hat der Träger neben den o.g. Qualitätsanforderungen zur Betreuung von Kindern die Verpflichtung Maßnahmen zum Arbeits- und Gesundheitsschutz seiner Mitarbeitenden zu gewährleisten. Diese Verpflichtungen gehen bzgl. der Tätigkeiten innerhalb einer Kita auf folgende Gesetzesbücher und Verordnungen zurück, die teilweise sehr konkrete und differenzierte Umsetzungen wie beispielsweise beim Lärmschutz oder dem Umgang mit Bio- oder Gefahrenstoffen, vorsehen:

- Gesetzliche Unfallversicherung (SGB VII),
- Arbeitsschutzgesetz (ArbSchG),
- Arbeitssicherheitsgesetz (ASiG),
- Arbeitszeitgesetz (ArbZG),
- Betriebsverfassungsgesetz (BetrVG),
- Mutterschutzgesetz (MuSchG),
- Mutterschutzrichtlinienverordnung (MuSchRiV),
- Jugendarbeitsschutzgesetz (JArbSchG),
- Infektionsschutzgesetz (IfSG),
- Arbeitsstättenverordnung (ArbStättV),

- Gefahrstoffverordnung (GefStoffV),
- Biostoffverordnung (BioStoffV),
- Bildschirmarbeitsverordnung (BildschArbV),
- Lastenhandhabungsverordnung (LasthandhabV),
- Lärm- und Vibrationsschutzverordnung (LärmVibrationsArbSchV)
- Verordnung zur arbeitsmedizinischen Vorsorge (ArbMedVV).

Allerdings finden sich im Arbeitsschutzgesetz explizit keine Normen zum Schutz vor psychischen Belastungen oder zum Umgang mit psychischen Beanspruchungen. Dies steht im Wiederspruch zum Faktum, dass psychische Fehlbelastungen innerhalb der EU ein gravierendes Maß an berufsbedingten Ausfallzeiten und Frühverrentungen (s.o.) darstellen. Ein Viertel aller krankheitsbedingten Abwesenheitszeiten, die länger als 14 Tage dauern sind mit psychischem Stress konnotiert (Sächsisches Staatsministerium für Kultus und Sport, 2009: 81). Bedingt durch stetig neue Anforderungen an die Berufstätigen stellt sich somit die Frage, ob die Prävention von psychischen Fehlbeanspruchungen als ein gesellschaftspolitisch relevantes Problem erkannt, gesetzlich normiert und somit einforderbar ist. Diesbezüglich ist es erforderlich einen juristisch unbestimmten Rechtsbegriff so zu definieren, dass er justiziabel wird. Zu diesem Zweck bietet die DIN EN ISO 1075 Teil 1 die wesentliche Grundlage. Da jede Tätigkeit Aspekte einer psychischen Belastung inkludiert, ist es notwendig diese begrifflich (was in der Alltagssprache kaum vorkommt) von psychischen Beanspruchungen zu differenzieren. Entsprechend der DIN EN ISO 1075 Teil 1 wird unter einer psychischen Belastung „die Gesamtheit aller erfassbaren Einflüsse, die von außen auf den Menschen zukommen und psychisch auf ihn einwirken" verstanden (Bundesanstalt für Arbeitsschutz und Arbeitsmedizin, 2010: 8). Davon zu unterscheiden ist die psychische Beanspruchung.

> „Psychische Beanspruchung ist die unmittelbare (nicht langfristige) Auswirkung der psychischen Belastung im Individuum in Abhängigkeit von seinen jeweiligen überdauernden und augenblicklichen Voraussetzungen, einschließlich der individuellen Bewältigungsstrategien" (Bundesanstalt für Arbeitsschutz und Arbeitsmedizin, 2010: 9).

Diese begriffliche Definition verdeutlicht, dass es sich hierbei nicht um isolierte Einzelbelastungen handelt bzw. handeln muss, sondern die

Heterogenität der unterschiedlichen Belastungen einschließt. Darüber hinaus ist zu berücksichtigen, dass aus objektiv gleichen Belastungen subjektiv unterschiedliche (psychische) Beanspruchungen resultieren können. Der Beanspruchung liegt damit auch ein individueller Bewertungsprozess zugrunde, der über die Kategorie der Bewältigungsstrategien (s. o. zum Stressbegriff) Eingang in diese Definition findet.

Da der Begriff der psychischen Belastungen sich nicht explizit im Arbeitsschutzgesetz wiederfindet muss dieser über andere Normen hergeleitet werden. So lässt sich zunächst der § 3 ArbSchG als Zielkriterium des Arbeitsschutzes auffassen. Der Paragraph verpflichtet die Arbeitgeber dazu, eine menschengerechte Gestaltung der Arbeit zu gewährleisten. Dies schließt die psychische Gesundheit selbstverständlich mit ein. Allerdings hat das bundesdeutsche Arbeitsschutzgesetz im Rahmen der EU-Rechtsfolge Normierungsvorbehalte von EU-Gesetzen zu berücksichtigen bzw. umzusetzen (vgl.: Sächsisches Staatsministerium für Kultus und Sport, 2009: 14). Der Rat der Europäischen Gemeinschaft hat bereits 1989 mit der umfassenden Richtlinie zur „Durchführung von Maßnahmen zur Verbesserung der Sicherheit und des Gesundheitsschutzes der Arbeitnehmer bei der Arbeit" ein sehr umfangreiches Maßnahmenpaket in diesem Bereich normiert. Durch die Formulierung „bei der Arbeit" werden diese Normen direkt an die Arbeitsbedingungen gebunden. Diese Richtlinie bezieht den Faktor Mensch bei Arbeit ausdrücklich mit ein, auch wenn diese psychische Belastungen nicht ausdrücklich benennt (vgl.: Artikel 6 Abs. 2 Richtlinie 89/391/EWG). Mit der Umsetzung dieser Richtlinie in nationales Recht, im Rahmen des Arbeitsschutzgesetzes in der Fassung von 1996 und den Normen des SGB VII, erlangten diese Richtlinien in der Bundesrepublik Gesetzeskraft. Dass die o.g. Normen sich implizit auch auf die psychische Gesundheit bzw. den Gesundheitsschutz beziehen, wurde durch ein höchstrichterliches Urteil des Bundesverwaltungsgerichts festgestellt. So schließt der Gesundheitsbegriff am Arbeitsplatz das psychische Wohlbefinden ausdrücklich mit ein (vgl.: Urteil des Bundesverwaltungsgerichts vom 31.1.1997, Az.: BverwG 1 C 20.95). Da es bezüglich der Gestaltung des Zielkriteriums der menschengerechten Gestaltung von Arbeitsplätzen hinreichend arbeitswissenschaftliche Erkenntnisse gibt, ist die Minimierung bzw. Optimierung psychischer Arbeitsbelastungen, über die Normen des Arbeitsschutzgesetzes, eine

Aufgabe des Arbeitgebers (vgl.: § 5 ArbSchG). Nicht nur für die vorliegende Arbeit ist es von hoher Bedeutung, dass die Arbeitgeber für eine geeignete Organisation im Sinne des Gesundheitsschutzes die erforderlichen Maßnahmen zu tragen haben und dabei insbesondere die Art der Tätigkeit der Beschäftigten berücksichtigt werden muss, sondern ebenso für die Betriebspraxis.

Dieser Aspekt ist gerade in Bezug zu der besonderen Dienstleistung, die das pädagogische Personal in Kitas erbringt, von Belang. Insbesondere durch die Beziehungs- und Emotionsarbeit entstehen psychische Belastungen und in deren Folge Beanspruchen oder gesundheitliche Risiken die in klassischen industriellen oder anderen Dienstleistungsberufen so nicht vorkommen oder mitgedacht werden (vgl.: § 3 Abs. 2 ArbSchG). Die psychische Gesundheit am Arbeitsplatz erfuhr durch das SGB VII einen weiteren Bedeutungszuwachs. An dieser Stelle wird ein erweiterter Präventionsauftrag formuliert, demnach das mögliche gesamte Gefährdungsprofil von Beschäftigten, in einem Betrieb, in den Fokus genommen werden soll. Dies bezieht die psychische Gesundheit als Risikofaktor des pädagogischen Personals einer Kita mit ein. Hinzu kommt, dass es den Leitungskräften nicht freigestellt ist, ob sie bei ihrer Tätigkeit auf die psychische Belastung der Mitarbeitenden durch arbeitsbedingte Faktoren achten und ihnen ggfs. entgegenwirken (vgl.: § 21 SGB VII).

2.9 Die Tätigkeit von Erzieherinnen und Erziehern in der Kita

Zum Verständnis von (psychischen) Belastungen und Beanspruchungen von Erzieherinnen und Erzieher in Kitas ist es erforderlich, ein Wissen über die Tätigkeit dieser Berufsgruppe zu haben. Der alltagsprachliche Satz „Erzieherinnen und Erzieher spielen doch nur", verweist einerseits auf eine erhebliche Unkenntnis über dieses Berufsbild, andererseits zeigt er ein Forschungsdefizit in diesem Bereich. Im Gegensatz zu anderen Sozialberufen gibt es relativ wenige empirisch-arbeitswissenschaftliche Studien zu der Erziehungstätigkeit in Kitas (vgl.: Remsberger, 2011; Ostendorf, 2016: 16). Lernen, Arbeit und Spiel sind wesentliche Aspekte der menschlichen Entwicklung. Insbesondere diese drei Dimensionen sind in der Tätigkeit des Erziehungspersonals in

Kitas repräsentiert. Denn die Tätigkeit dieser Berufsgruppe zeichnet sich durch folgende Merkmale aus:
- sie ist zielgerichtet und zweckbezogen
- sie findet auf Grund von Vorgaben oder selbstbestimmter Aufgaben statt
- sie erfolgt mit Hilfe von Arbeitsmitteln
- sie erfolgt durch die Inanspruchnahme und Entwicklung kollektiver und individueller Handlungskompetenzen
- sie unterliegt einer ökonomischen, sozialen und gesellschaftlichen Bewertung
(vgl.: Rudow, 2017: 22).

Dabei ist die Arbeitstätigkeit wesentlich durch die Faktoren der Handlungsfähigkeit, der Handlungsbereitschaft, der organisationalen Rahmenbedingungen, den Arbeitsbedingungen und der Arbeitsaufgabe im Sinne von Soll-Leistungen gekennzeichnet.

Die Tätigkeit des pädagogischen Personals einer Kita ist durch Aufgabenvielfalt und Komplexität gleichermaßen gekennzeichnet. Die Aufgaben haben sehr heterogene Inhalte, die eine enorme Multitasking-Fähigkeit erfordert, da die verschiedenen Tätigkeiten oft in kurzen Zeitintervallen zu verrichten sind. Hierzu gehören beispielsweise:
- Aufsichtspflicht gewährleisten
- Hygienemaßnahmen umsetzen
- Pflegetätigkeit
- Spielanregungen geben
- Herstellen von Aufmerksamkeit der Kinder
- Emotionsregulation der Kinder
- Vorbereitung von Projekten
- Erstellen von Konzepten
- Kooperationsgespräche führen
- Anwendung von Beobachtungsinstrumenten
- Dokumentationen
- Erstellen von Entwicklungsberichten
- Elterngespräche
- Erkennen und Abwendung von Kindeswohlgefährdungen
- Konfliktgespräche mit Eltern

- Elternabende vor-, nachbereiten und durchführen
- Besuchstage von Eltern, Großeltern etc. vorbereiten und durchführen
- Koordination der Arbeit mit Kolleginnen und Kollegen
- etc.

Dabei kann es durchaus vorkommen, dass ein Teil dieser Tätigkeiten parallel ausgeübt werden müssen, wie z. B. Spielanregung geben, Vorlesen und gleichzeitig die Aufsichtspflicht sicherstellen (vgl.: Rudow, 2017: 28ff.).

Darüber hinaus ist die Erziehungstätigkeit durch eine Bedingungsvielfalt und -variabilität gekennzeichnet, da die Aufgabenerfüllung in verschiedenen Kontexten und unter verschiedenen Bedingungen (unterschiedliche Räume, unterschiedlicher Lärmpegel, die jeweilige Stimmung und Konzentrationsfähigkeit der Kinder etc.) stattfindet.

Die hierarchisch systematisierte Gesamttätigkeit (Gesamttätigkeit, Teiltätigkeiten, Handlungen) der pädagogisch Mitarbeitenden umfasst die Aufgaben der Bildung, Erziehung und Betreuung der Kinder. Die Tätigkeit ist durch subjektive Motive, die den Antrieb und persönlichen Sinn der Arbeit definieren, bestimmt. Diese Motive, die sehr heterogen sein können (Kindern helfen wollen, Freude an der Arbeit mit Kindern, die Arbeit ist sehr verantwortungsvoll, unbefristetes Beschäftigungsverhältnis etc.) sind die zentralen Kategorien der beruflichen Identität (vgl.: Rudow, 2017: 24).

2.9.1 Die Aufgaben

Durch den § 22 SGB VIII wird nicht nur der Auftrag von Kitas, sondern darüber hinaus auch direkt die Aufgabe des Erziehungspersonals in den Tageseinrichtungen für Kinder definiert.

„Die Aufgabe umfasst die Betreuung, Bildung und Erziehung des Kindes. Das Leistungsangebot soll sich pädagogisch und organisatorisch an den Bedürfnissen der Kinder und ihrer Familien orientieren" (§ 22 SGB VIII). Diese drei Hauptaufgaben finden in den jeweiligen Landesgesetzen über Tageseinrichtungen für Kinder eine weitere Konkretion. Laut dem niedersächsischen Kindertagesstättengesetz, dass sich direkt

auf den übergeordneten Auftrag durch den § 22 SGB VIII bezieht, gehört es zu den Aufgaben der Kitas:
- „die Kinder in ihrer Persönlichkeit [zu] stärken,
- die Entwicklung der Kommunikations- und Interaktionskompetenz [zu] unterstützen sowie die sprachliche Kompetenz kontinuierlich und in allen Situationen des pädagogischen Alltags (alltagsintegriert) [zu] fördern,
- die Kinder in sozial verantwortliches Handeln ein[zu]führen,
- ihnen Kenntnisse und Fähigkeiten vermitteln, die eine eigenständige Lebensbewältigung im Rahmen der jeweiligen Möglichkeiten des einzelnen Kindes [zu] fördern,
- die Erlebnisfähigkeit, Kreativität und Fantasie [zu] fördern,
- den natürlichen Wissensdrang und die Freude am Lernen [zu] pflegen,
- die Gleichberechtigung von Jungen und Mädchen erzieherisch [zu] fördern und
- den Umgang von Kindern mit Behinderungen und Kindern ohne Behinderungen sowie von Kindern unterschiedlicher Herkunft und Prägung untereinander [zu] fördern"
(§ 2 KitaG Nidersachsen).

Diese Aufgabenerweiterung für das Erziehungspersonal stellt allerdings ähnlich wie in den niedersächsischen Bildungsgrundsätzen (vgl.: Niedersächsisches Kultusministerium, 2012) keine wissenschaftliche orientierte Konkretion der Methodik dar. Die Begrifflichkeiten „Betreuung, Erziehung und Bildung" können auf der Praxisebene sehr heterogen operationalisiert werden, da sie weder in den Erziehungswissenschaften und noch viel weniger in der Arbeitspsychologie hinreichend konkret definiert sind. Inwieweit diese Begriffe einem Tätigkeits- und Handlungskonzept entsprechen (können), wäre aber aus arbeitspsychologischer Sicht sinnvoll zu wissen, da sie auf eine komplexe Arbeitstätigkeit und entsprechenden Anforderungen an das pädagogische Personal verweisen.

2.9.2 Die Anforderungen

Bei den Tätigkeitsausführungen bzw. Handlungen werden unter den jeweiligen Arbeitsbedingungen bestimmte physische, psychische und soziale Anforderungen an das pädagogische Personal gestellt. Dazu gehören beispielsweise Muskelkraft (Tragen von Kindern oder schweren Gegenständen), Ausdauer (langer Arbeitstag oder Bewegungsspiele mit den Kindern) oder feinmotorische Fähigkeiten (Nähen, Musikinstrument spielen). Psychische Anforderungen können kognitive Eignungen der Planungsfähigkeit, der Problemlösung, der Kreativität oder motivationale und emotionale Kompetenzen wie Kongruenz oder Emotionsarbeit etc. sein. Kommunikations- und Kooperationsfähigkeit gehören ebenso wie Empathie zu den sozialen Anforderungen. Diese komplexen Anforderungen können sich in den jeweiligen Situationen als teilweise widersprüchlich zeigen und erweisen sich so als schwer bewältigbar (vgl.: Rudow, 2017: 25; Fuchs/Trischler, 2008: 19ff.; Mieth, 2018: 44f.).

Somit sind für die anforderungsgerechte Ausführung der Arbeitstätigkeit individuelle Fähigkeiten erforderlich. Die Handlungskompetenz der pädagogisch Mitarbeitenden umfasst damit alle Leistungsanforderungen, die zur Bewältigung der Arbeitsaufgaben notwendig sind. Dazu gehören insbesondere:

- kognitive Fähigkeiten zur:
    - Interpretation der Arbeitsaufgaben
    - Setzen von Zielen auf Grund des jeweiligen Arbeitsauftrags
    - Prüfung der Handlungsmöglichkeiten und -bedingungen
    - Individuelle Arbeitsplanung
    - Entscheidung über die endgültige Auswahl des Handlungsprogramms zur Zielerreichung
    - Praktische Umsetzung unter den gegebenen Bedingungen
- Interaktionsfähigkeit mit den Kindern als wesentliche Arbeitsaufgabe
- Methodisch-didaktische Fähigkeiten
- Bewältigung von Mehrfachtätigkeiten bestehend aus Routinehandlungen, automatisierten Handlungen anderen hochkomplexen Handlungen, die große Aufmerksamkeit erfordern

- physische und psychische Anforderungen als Leistungsvoraussetzungen zur Erfüllung des Arbeitsauftrages
- ein verändertes gesellschaftliches Anforderungsprofil an Kitas und deren pädagogischen Personals, das der öffentlichen Bewertung unterliegt (Eltern, Jugendämter, Medien etc.)
- Kommunikationsfähigkeit
  - Die pädagogisch Mitarbeitenden bekommen in der Kita eine Vielzahl von Rückmeldungen von den Kindern, dem Kollegium, Eltern etc. die zuweilen nicht systematisch, sondern sporadisch, deplatziert oder unklar usw. sein können.

An dieser Stelle wurden lediglich die wesentlichen Tätigkeitsanforderungen dargestellt, die aber bereits auf die enorme Komplexität bzw. Komplexitätssteigerung der Anforderungen, Aufgaben und Tätigkeiten des pädagogischen Personals in Kitas verweisen. Kindertagesstätten sind inzwischen nicht mehr nur noch familienergänzende Einrichtungen der Sozialisation, sondern teilweise familienersetzende Institutionen (vgl.: Rudow, 2017: 25f.; Mieth, 2018: 48f.; Sächsisches Staatsministerium, 2009:8).

2.10 Belastungen und Beanspruchungen

Die Volksweisheit, „wenn zwei dasselbe tun, ist es noch immer nicht das gleiche" könnte aus gesundheitspsychologischer Perspektive eher lauten, „wenn zwei dasselbe tun, entstehen unterschiedliche Beanspruchungen und Beanspruchungsfolgen" (vgl.: Uhle/Treier, 2019:120). Ohne, dass an dieser Stelle die verschiedenen Ansätze zur Beschreibung von Beanspruchungen systematisch diskutiert werden können, sollen die Annahmen des Aufgaben-Anforderungen-Ressourcen-Wechselbeziehungsmodells und des Aufgaben-Anforderungsmodells in den wesentlichen Aspekten wiedergegeben werden, zumal sie über viele Gemeinsamkeiten verfügen. Das erste Modell versucht interindividuelle Differenzen in der Reaktion auf identische, physische und psychosoziale Anforderungen zu erklären. Dabei rekurriert es zum einen auf die mentale Bewusstseins-Kapazität unter dem Aspekt der Anstrengung und zum anderen auf die Muster der unterschiedlichen subjektiven Reaktionen auf die Beanspruchungen. Das Aufgaben-Anforderungsmodell geht davon aus, dass die Aufgaben in Verbindung mit den Anforderungsbedingungen zu Belastungen führen und versucht die Frage zu beantworten, wie Arbeitende antizipierend entstehende Belastungen und daraus resultierende Beanspruchungen optimieren können. Beiden Ansätzen gemeinsam ist, dass sie davon ausgehen, dass psychische Beanspruchungen motivationale, volitionale und emotionale Aspekte inkludieren. Die Individuen, die sich mit den Anforderungen auseinandersetzten, unterziehen diese einem Bewertungsprozess in dessen Verlauf sie ihre Anstrengungen für die Auseinandersetzung selbst regulieren. Beide Ansätze formulieren multidimensionale Auswirkungen psychischer Beanspruchung hinsichtlich ihrer kurz-, mittel- und langfristigen Auswirkungen, sowohl auf physiologische wie auch psychologische Parameter der betroffenen Individuen. Dieser Bewertungsprozess ist damit anschlussfähig an Annahmen des transaktionalen Stresskonzepts und an die Salutogenese (vgl.: Richter/Hacker, 2017: 35f.).

Die Tätigkeit des pädagogischen Personals in Kitas ist durch zahlreiche Belastungsfaktoren gekennzeichnet. Die Beziehungen zwischen Belastungen und Beanspruchungen sind in der folgenden Abbildung modelhaft dargestellt.

2.10 Belastungen und Beanspruchungen

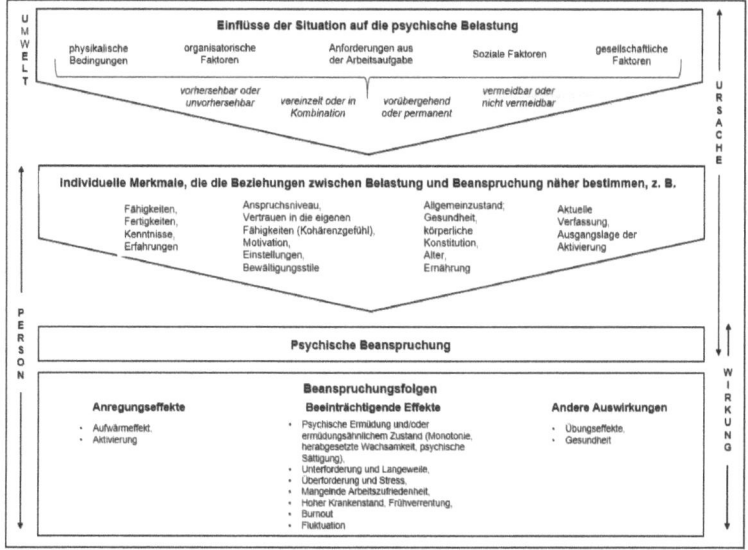

Abbildung 3 Belastungen und Beanspruchungen
Quelle: Sächsisches Staatsministerium, 2009: 82, eigene Darstellung

2.10.1 Belastungen und Beanspruchungen von Erzieherinnen und Erziehern

Bei der Betrachtung von psychischen Belastungen des pädagogischen Personals in Kitas lässt sich eher von atypischen Beanspruchungsformen, in Folge der spezifischen Tätigkeit, sprechen. Kern der Tätigkeit des pädagogischen Personals in Kitas ist die Interaktion mit den Kindern. Dabei findet eine Einflussnahme auf das Kind statt. Umgekehrt hat aber auch das Verhalten der Kinder einen Einfluss auf das Erleben der Erzieherinnen und Erzieher. Damit können sich direkt aus der Interaktion mit den Kindern aber auch mit anderen Akteuren, wie den Sorgeberechtigten, Mitarbeitenden von Jugendämtern etc. Belastungen und Beanspruchungen ergeben. Darüber hinaus entstehen durch Dokumentations-, Berichts-, Kooperationspflichten mit externen Akteuren, Einschätzungen von Kindeswohlgefährdungen etc.

weitere psychische Belastungen und (Fehl)Beanspruchungen. Psychische Fehlbelastungen durch typische Produktionstätigkeiten, wie unvollständige Handlungsabläufe, Routinen bis zur Monotonie, fehlende Mitbestimmung über Arbeitsabläufe, Arbeitsinhalte, Arbeitsmethoden, psychische Sättigung etc. oder unzureichende Verantwortung werden eher nicht im Berufs- und Tätigkeitsbild der pädagogisch Mitarbeitenden in einer Kita repräsentiert (vgl.: Sächsisches Staatsministerium, 2009: 82). Belastungen der pädagogisch Mitarbeitenden in einer Kita lassen sich insbesondere den physikalischen Arbeitsbedingungen, der Arbeitsorganisation, den Anforderungen aus der Arbeitsaufgabe den sozialen und den gesellschaftlich-kulturellen Bedingungen zuordnen (vgl.: Sächsisches Staatsministerium, 2009: 83; Rudow, 2017: 79).

Die Erfüllung zahlreicher unterschiedlicher Arbeitsaufgaben (wie Dokumentationen, Einschätzungen der Kindesentwicklung, Erstellung und Fortschreibung von pädagogischen Konzepten, Qualitätsmanagement etc.) wird von einer Vielzahl der pädagogisch Mitarbeitenden in Kitas als Beanspruchung aufgefasst. Als belastend wird dabei nicht nur die Heterogenität, sondern auch die Menge der Arbeitsaufgaben empfunden, wobei das Multitasking als ein weiteres Problem identifiziert wird. Hinzu kommt, als Folge der Verdichtung der Arbeitsaufgaben ein ansteigender Zeitdruck. Da zunehmend mehr Kinder einen erhöhten Betreuungsbedarf haben und das Fachpersonal keine entsprechenden Zeitressourcen hat, können einzelne Kinder weniger gut gefördert werden. Diese ungünstige Fachkraft-Kind-Relation wird als problematisch wahrgenommen.

Zu den körperlichen Belastungen zählen insbesondere das Heben der Kinder, häufiges sprechen, eine ungünstige und eine nicht erwachsenengerechte Körperhaltung. Beanspruchungen aus der sozialen Interaktion mit den Kindern entstehen aus der enormen Heterogenität dieser Gruppe, da die pädagogisch Mitarbeitenden eine intensive Kommunikation, körperliche und emotionale Nähe zu den Kindern haben. Dabei ist zu berücksichtigen, dass die Kinder über teilweise unzureichende Leistungsvoraussetzungen in Sprache, Motorik, etc. verfügen oder Auffälligkeiten im Verhalten bzw. Erleben zeigen.

Als zusätzliche Belastung wird die Emotionsarbeit, die teilweise Bestandteil der sozialen Interaktion mit den Kindern aber auch mit den Sorgeberechtigten oder anderen Erwachsenen Personen ist, empfunden.

Beanspruchungen aus den physikalischen Arbeitsbedingungen ergeben sich insbesondere aus den Räumlichkeiten, dem Raumklima und der Lärmbelastung.

Darüber hinaus entstehen Belastungen durch die Infektionsgefahr durch Mikroorganismen, biologische Arbeitsstoffe und Viren. Gerade die Infektionsgefahr durch Viren führte in der Zeit der Coronapandemie im Frühjahr 2020 zu erheblichen Veränderungen in der gesamten Arbeitsorganisation und in deren Folge zu weiteren Belastungen.

Als weiterer Belastungsaspekt zeigt sich die Diskrepanz zwischen dem beruflichen Selbstbild und dem Fremdbild. Nach wie vor wird die Tätigkeit von Erzieherinnen und Erziehern nicht als professionell angesehen, sondern als eine Ergänzung im Sinne einer familienähnlichen Tätigkeit. Die Kenntnis eines klar definierten Berufsbildes und ein entsprechendes öffentliches Verständnis würde wohl zu einer höheren Anerkennung dieses Berufs beitragen (vgl. Rudow, 2017: 78ff; Sächsisches Staatsministerium, 2009: 83f.; Fuchs/Trischler, 18ff.; Vernickel/Voss/Mauz, 2017:150ff.).

2.10.2 Stress und Burnout bei Erzieherinnen und Erziehern

Entsprechend dem transaktionalen Stressmodell und unter Berücksichtigung der o. g. Arbeitsbelastungsmodelle, insbesondere des ERI-Modells und des JDR-Modells spielen kognitiv-emotionale Bewertungen von objektiven Belastungen und die Einschätzung individueller Bewältigungsstrategien, in Bezug zu Stressoren, eine bedeutende Rolle. Arbeitsbedingungen haben einen Einfluss auf die Bewertungen von Belastungen und die Bewältigungsstrategien. Wird die Arbeitsbelastung als Bedrohung bewertet (primäre Bewertung), erfolgt in der sekundären Bewertung die Einschätzung der individuellen Bewältigungsmöglichkeiten. Kann die Belastung nicht hinreichend bewältigt werden, bleibt der Stress bestehen. Tritt dieser Stress in kurzen zeitlichen Intervallen wieder auf oder sollte er andauernd sein, kann chronischer Stress, mit entsprechender gesundheitlicher Auswirkung (s. o.) und

Leistungseinschränkung, entstehen. Die wesentlichen Stressoren des pädagogischen Personals in Kitas sind:
- hoher Zeitdruck
- schlechter Personalschlüssel
- Fachkräfte-Kind-Relation
- hohes Arbeitspensum
- Gleichzeitigkeit von Anforderungen
- Emotionsarbeit
- niedrige soziale Unterstützung durch Kolleginnen
- niedrige soziale Unterstützung durch Vorgesetzte
- hohe soziale Stressoren (Animositäten und Konflikte mit Kollegen und Vorgesetzten am Arbeitsplatz)
- wenig Reziprozität, d. h. eine Diskrepanz zwischen erlebter Investition in die Berufstätigkeit und erhaltener Anerkennung (Gratifikationsproblem)
- Lärm
- Nicht erwachsenen gerechte Ergonomie der Arbeitsplätze
- Fehlende Unterstützung durch den Träger
(vgl.: Vernickel/Voss/Mauz, 2017: 74ff./Rudow, 2017:106ff./Jungbauer, 2013:8 Thinschmidt/Gruhne/Hoese, 2008:104ff./Rudow, 2005:4ff.; Almstadt/ Gebauer/ Medjedović, 2012: 36f.).

Eine Befragung der Landesvereinigung für Gesundheitsförderung Schleswig-Holstein e.V. BZgA zu dem Ergebnis, dass 22% der Befragten ihre Arbeit als gesundheitlich belastend erleben (vgl.: BZgA, 2002: 56). Das Stressmonitoring der Deutschen Angestellten Krankenkasse kommt in Zusammenarbeit mit dem Gesundheitsdienst der Wohlfahrtspflege zu dem Ergebnis, dass 8,2% des pädagogischen Personals in Kitas ihre Tätigkeit als gesundheitlich belastender erleben als andere Berufsgruppen (vgl.: Berger et al 2002: 16). In der Studie von Jungbauer zeigen 18,9% der Erzieherinnen und Erzieher arbeitsbezogene Stressreaktionen (vgl.: Jungbauer, 2013: 51). Besonders frappierend ist das Ergebnis der Aqua-Studie, die nach einer Gratifikationskrise fragt und zu dem Ergebnis kommt, dass ca. 71% des Kita-Personals Anzeichen einer Gratifikationskrise zeigt. Dabei ist zu beachten, dass die Skala „Overcommitment" des Effort-Reward-Imbalance-Modell-Fragebogens Hinweise dafür liefert, ob Personen zu einer Risikogruppe für Gesundheitsprobleme bzw. Burnouttendenzen gehören, wenn der Wert dieser Skala im oberen Drittel liegt. Damit wird eine Neigung zu Burnout und nicht das Syndrom selbst festgestellt (vgl.: Staatsinstitut für Frühpädagogik, 2014: 68ff.).

Unter den oben diskutierten Aspekten lässt sich Burnout durch folgende Merkmale global kennzeichnen als:

- Dominanz von Erschöpfungssymptomen
- Vorhandensein psychosomatischer Symptome
- Betroffensein der Personen ohne psychische Störungen bzw. Erkrankungen
- Objektiv und subjektiv wahrgenommene Leistungseinbußen
- Bezug zu einer zeitlich anhaltenden intensiven Arbeit

Obwohl alle Menschen, die ungünstige (erwerbsarbeits-)Bedingungen erleben von Burnout betroffen sein können, scheint Burnout insbesondere bei Berufen der Humandienstleistungen, wie dem Erziehungsberuf, häufiger aufzutreten (vgl.: Rudow, 2017: 109ff). Die Kita-Studie 2004 (n=947 Erzieherinnen und Erzieher), die verschiedene Einzeldimensionen erfasst, konstatiert über die Zusammenführung ihrer Ergebnisse, dass sich ca. 10% der Befragten in einem Burnoutprozess befinden (vgl.: Rudow, 2004: 4).

Andere Studien kommen teilweise zu ähnlichen aber auch zu deutlich anderen Ergebnissen bzgl. des Ausmaßes von Burnout. Während Seibt/Malbrich/Dutschke (2006) in ihrer Stichprobe ca. 9% Betroffene identifizieren sind es bei Seibt et al (2005: 62) ca. 14 %. Die Aqua-Studie kommt sogar zu dem Ergebnis, dass 36% der Befragten zu der Risikogruppe gehören (vgl.: Staatsinstitut für Frühpädagogik, 2014: 70). Die Studie von Jung konstatiert, dass 18,1% aller Befragten in der untersuchten Population (n=834) zu der Hochrisikogruppe der von Burnout bedrohten Personen gehören (vgl.: Jungbauer, 2013: 51). Die Heterogenität der Befunde zu einem Burnout bzw. Burnoutrisiko verweisen auf die oben geführte Diskussion der unzureichend präzisen Definition des Burnout-Begriffs. Diese Randunschärfe erschwert es, eine globale und zugleich theorie- und erhebungsbogenübergreifende Einschätzung von Burnout-Risiken zu erreichen. Außerdem ist bei der Interpretation der Daten zu berücksichtigen, dass je nach Art des Erhebungsbogens nicht unbedingt ein vollständiges Burnout-Syndrom vorliegen muss. Diese Gegebenheit verweist eher darauf, dass die eingesetzten Bögen Screeninginstrumente und keine Diagnoseinstrumente darstellen (vgl. Rudow, 2017: 112).

2.11 Ressourcen von Erzieherinnen und Erziehern

Ressourcen sind objektive und subjektive Faktoren, die das Auftreten von Fehlbelastungen und in deren Folge Fehlbeanspruchungen während des Arbeitsprozesses abmildern bzw. moderieren können, sofern sie ausreichend vorhanden sind. Sind sie jedoch nicht hinreichend ausgeprägt oder fehlen in Bezug zu bestimmten Belastungsfaktoren, können negative Beanspruchungsfolgen mit Leistungs- und Gesundheitseinschränkungen einhergehen. Grundsätzlich werden innere von äußeren Ressourcen differenziert. Die inneren oder Personal- bzw. Humanressourcen sind Persönlichkeitsmerkmale der Erzieherinnen und Erzieher in der Auseinandersetzung mit Arbeitsanforderungen bzw. -belastungen. Die Arbeitstätigkeit gehört unter den gegebenen organisatorischen Bedingungen zu den äußeren Ressourcen, wobei drei Ebenen unterschieden werden. Die Makroebene umfasst Organisationsmerkmale wie die Organisationsstruktur, Management etc. Zu der Mesoebene gehören unmittelbar wahrnehmbare soziale Merkmale wie Rollen, Betriebsklima und dergleichen. Die Mikroebene ist durch die Tätigkeitsmerkmale, die durch die Arbeitsaufgabe definiert werden, gekennzeichnet. Hierzu gehören insbesondere Tätigkeitsspielraum, Anforderungsvielfalt, Entwicklungsmöglichkeiten oder soziale Interaktion.

2.11 Ressourcen von Erzieherinnen und Erziehern

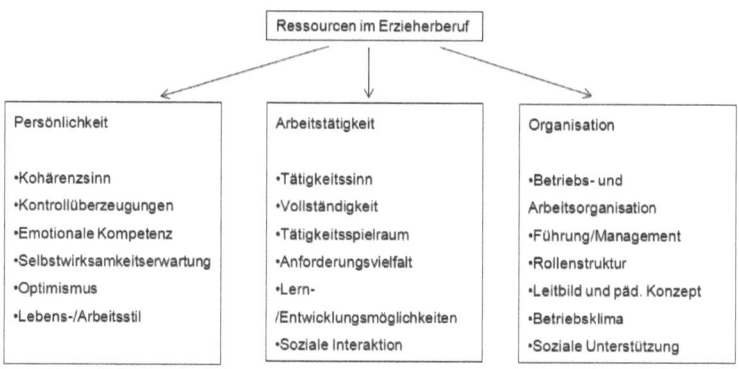

Abbildung 4   Ressourcen der pädagogischen Fachkräfte
Quelle: Rudow, 2017: 117, eigene Darstellung

Die obige Tabelle ist ein Überblick über die möglichen Ressourcen des pädagogischen Fachpersonals in Kitas. Die Studien „Arbeitsplatz und Qualität in Kitas (AQUA)" (vgl.: Staatsinstitut für Kindertageseinrichtungen", 2014: 50ff.) und „Strukturqualität und Erzieherinnengesundheit in Kindertageseinrichtungen (STEGE)" (vgl.: Viernickel/Voss/ Mausz, 2017: 74ff.) identifizieren ähnliche aber teilweise auch andere Ressourcen. Zumindest letztere systematisiert diese auch anders, was darauf hinweist, dass Ressourcen auch kontextabhängig sind. Selbst wenn an dieser Stelle eine ausführliche Diskussion der hier erwähnten Ressourcen nicht erfolgen kann, sei darauf hingewiesen, dass diese sich entsprechend des obigen Modells ordnen und danach noch sehr detailliert differenzieren lassen, wie es beispielhaft in der STEGE-Studie gemacht wurde. Hier wurden 60 Einzelkriterien erfasst, die als Ressourcen angesehen werden, sofern sie vorhanden sind. Ressourcen, die studienübergreifend und als besonders gewichtet betrachtet werden, sind:

- Sinnhaftigkeit der Arbeit
- Ganzheitlichkeit der Arbeit
- Tätigkeitsspielraum
- Aufgaben- und Anforderungsvielfalt

- Lern- und Entwicklungsmöglichkeiten
- technisch-physikalische Ausstattung der Arbeitsräume
- Fachkraft-Kind-Relation
- ausreichend Zeit für die Arbeitstätigkeit
- soziale Unterstützung
- angemessenes Entgelt
(vgl.: Martine, 2011: 32f.; Rudow, 2017: 318ff./Viernickel/Voss/Mauz, 2017: 75ff.; Staatsinstitut für Frühpädagogik, 50ff.).

Neben den organisationalen Ressourcen und denen aus der Arbeitstätigkeit sind auch die persönlichen Ressourcen der pädagogischen Fachkräfte, die unabhängig vom Arbeitsplatz existieren, zu berücksichtigen (s.o.). Zu diesen gehört u. a. der Kohärenzsinn, der wiederum auf die Annahmen der Salutogenese verweist, welche anschlussfähig an die oben diskutierte transaktionale Stresstheorie ist.

2.12 Gesundheitsfördernde Maßnahmen für Erzieherinnen und Erziehern

Die betriebliche Gesundheitsförderung reicht von präventiven Maßnahmen und Interventionen auf der Verhaltensebene bis zur Veränderung in der Organisation von Betrieben. Dieses gilt selbstverständlich auch für den Bildungs- und Erziehungsbereich. Die Maßnahmen können sich auf das gesamte Spektrum der Gesundheitsförderung, angefangen vom Arbeitsschutz, über das Betriebliche Eingliederungsmanagement bis hin zu einem kompletten Gesundheitsmanagement im Sinne einer Querschnittsaufgabe über alle Bereiche und Tätigkeiten einer Kita beziehen. Eine systematische Diskussion kann an dieser Stelle allerdings nicht geführt werden. Dennoch sollten einige Bereiche, die für die Gesundheitsförderung der pädagogischen Fachkräfte in einer Kita wichtig sind und sich zum Teil aus der oben geführten Diskussion ergeben, vorgestellt werden.

Maßnahmen der Gesundheitsförderung sollten erstens gut begründet, zweitens adäquat kommuniziert und drittens auf freiwilliger Basis stattfinden.

Eine systematische Gesundheitsförderung sollte stets die unterschiedlichen Interventionsebenen (Politik, Trägerebene, Kitaleitung, pädagogische Fachkräfte) berücksichtigen (vgl.: Rudow, 2017: 296f.; Viernickel/Voss/Mauz, 2017: 150f.). Zu den gesundheitsförderlichen Aspekten gehören eine angemessene Entlohnung der Arbeitstätigkeit, kompetenzerweiternde Aus- und Weiterbildungen, einschließlich einer bewussten Implementierung gesundheitsrelevanter Inhalte. Eine Veränderung des Fachkräfte-Kind-Schlüssels, verbindliche Zeitressourcen für die Vor- und Nachbereitung der Arbeit mit den Kindern, sowie entsprechende Zeiten zur Dokumentation und zum Anfertigen von Entwicklungsberichten. Gerade die oft bemängelten Zeitressourcen sollten über die oben genannten Interventionsebenen in den Fokus genommen werden. Neben dem angemessenen Passungsverhältnis von Kindern zu pädagogischen Fachkräften gehören dazu verbindliche Zeiten, die für die Kinder aber nicht mit den Kindern aufgewendet werden. Ferner sind verbindliche Pausenreglungen und die Möglichkeit des Rückzugs in den Pausen zu vereinbaren. Auf der Ebene des Fachpersonals sollten Methoden des Zeitmanagements, Empowerments, Reduktion eigener Ansprüche an die Arbeitsleistung, Integration von Entspannungstechniken in den Arbeitsalltag etc. etabliert und umgesetzt werden. Eine dementsprechende Personalplanung und Personaleinsatzplanung steht mit dem Zeitmanagement in unmittelbaren Zusammenhang.

Bauliche Maßnahmen sind unter dem Aspekt eines Gesundheitsmanagements bezogen auf ausreichende Gruppen-, Arbeits- und Pausenräume für die Mitarbeitenden zu betrachten. Hierbei sollte insbesondere auf die Reduktion von Lärmbelastungen geachtet werden. Bei der Einrichtung der Räume sollten ergonomische Aspekte handlungsleitend sein, zumal die pädagogischen Fachkräfte oft von Muskel-Skelett-Erkrankungen betroffen sind. Die Arbeitsplätze sollten darüber hinaus bewegungsfreundlich gestaltet sein. Regelmäßige Gefährdungsbeurteilungen gehören ebenso zu einer Gesundheitsförderung (vgl. Rudow, 2017: 294ff.; Viernickel/Voss/Mauz, 2017: 159). Dabei ist zu berücksichtigen, dass der Einschluss psychischer Belastungen in der Gefährdungsbeurteilung in Kitas in lediglich 8% der Fälle erfolgt (vgl.: Rudow, 2017: 289). Diesbezüglich fördern Maßnahmen des Stressmanagements die Gesundheit des pädagogischen Personals in

Kitas. Die Stressbewältigung kann sowohl verhaltensorientiert als auch intrapsychisch stattfinden, wobei bedingungsbezogene Maßnahmen von personenbezogenen zu unterscheiden sind. Erstere beziehen sich auf stressauslösende Bedingungen, wie soziale Konflikte und letztere auf Persönlichkeitsmerkmale. Sozialen Konflikten kann durch eine entsprechende Organisationsstruktur vorgebeugt werden. Diese ist so zu gestalten, dass soziale Konflikte möglichst nicht auftreten bzw. wenig eskalierend sind. Hierfür dienlich sind klar definierte aufeinander abgestimmte Stellen- und Funktionsbeschreibungen, die mit entsprechender Kompetenz ausgestattet sind, Rollenklarheit, eindeutige und transparente Verhaltensregeln, ein Leitbild, Vermeidung von informellen Kompetenzen bestimmter Mitarbeitender sowie verständliche und widerspruchsfreie Information auf allen Hierarchieebenen (vgl.: Rudow, 2017: 304). Auf der personenbezogenen Ebene sind Methoden, die der Entwicklung von Coping-Strategien dienen, gesundheitsfördernd. Zu diesen psychoregulativen Verfahren gehören beispielsweise Methoden der Entspannung, der kognitiven Selbstinstruktion, Einstellungsmodifikation, progressive Muskelrelaxation, Verhaltenstrainings, körperliche Aktivitäten etc. (vgl.: Rudow, 2017: 258).

Entsprechend einer Ressourcenorientierung sollte davon ausgegangen werden können, dass die pädagogisch Beschäftigten in einer Kita, Expertinnen und Experten ihrer eigenen Gesundheit sind und Handlungsstrategien für eine Gesundheitsförderung den Annahmen des Empowerments folgen (vgl.: Viernickel/Voss/Mauz, 2017: 158). Darüber hinaus sollte es eine offene Kultur der Anerkennung und gezielte Qualifikationsstrategien geben (vgl.: Viernickel/Voss/Mauz, 2017: 185).

2.13 Konkretisierte Fragestellung der vorliegenden Arbeit

Ziel der vorliegenden Arbeit ist es zu prüfen, ob die Untersuchungspopulation durch definierte betriebliche Faktoren belastet ist und ob es Ressourcen am Arbeitsplatz gibt, die einen positiven Einfluss auf das Wohlbefinden der Fachkräfte haben. Hierzu werden über den validierten Fragebogen „Salutogenetische Subjektive Arbeitsplatzanalyse" die Dimensionen Anforderungen, Arbeitsbelastungen, Belastungen durch „äußere" Tätigkeitsbedingungen, Organisationale Ressourcen und soziale Ressourcen anhand einer 5er Skalierung erfasst und die Häufigkeiten ausgewertet. Die Skalierungen sind so gewählt, dass subjektive Belastungen bzw. Ressourcen identifiziert werden können und somit bereits Aussagen über Belastungen bzw. Ressourcen getroffen werden können. Diese Daten werden mit einem Benchmark verglichen, um eine Aussage dazu machen zu können, ob die Untersuchungspopulation durch die Gesamtheit der Fachkräfte repräsentiert wird. Zusätzlich soll über das Maslach Burnout Inventory festgestellt werden, ob sich Mitarbeitende in einem Burnoutprozess befinden. Auch hierzu werden Häufigkeitsverteilungen erstellt. Darüber hinaus werden die Dimensionen der Belastungen und Ressourcen aus der SALSA mit dem MBI korreliert, um festzustellen, ob Zusammenhänge existieren. Schließlich wird über einen qualitativen Teil der Arbeit auf mögliche besondere Belastungen während der Coronapandemie fokussiert. Durch den offenen Zugang können evtl. Belastungen identifiziert werden, die über die bisherigen standardisierten Fragebögen u. U. nicht abgebildet werden.

3 Methode

Gegenstand sozialwissenschaftlicher Forschung sind die Beziehungen zwischen den Eigenschaften von Objekten. Hierfür gibt es sowohl quantitative wie auch qualitative Erhebungsmethoden. Sozialwissenschaften gelten als Wirklichkeitswissenschaften, da ihre theoretischen Annahmen empirisch überprüfbar sein müssen ergo verifiziert oder falsifiziert werden. Dieses bedeutet wiederum, dass ohne die Methoden der empirischen Sozialforschung keine empirische Forschung stattfinden kann (vgl.: Baur/Blasius. 2014: 41).[8] Die vorliegende Erhebung arbeitet sowohl mit qualitativen wie auch quantitativen Querschnittsdaten.

Die quantitative Sozialforschung entwickelt auf Grund von theoretischen Wissensbeständen oder früherer belegter empirischer Zusammenhänge Modelle der vermuteten Bedingungen und Zusammenhänge. Die hieraus entwickelten Hypothesen werden durch die Methoden der Statistik überprüft. Die konkreten Forschungsgegenstände, wie Organisationen, Gruppen oder Subjekte erhalten auf diese Art und Weise den Status des „Exemplarischen", an die vermuteten allgemeinen Zusammenhänge überprüft werden, wobei die Repräsentativität Ziel der generierten Daten ist. Die Zerlegung komplexer Zusammenhänge in unterscheidbare Variablen zur Überprüfung von theoretischen Annahmen ist ein weiteres Ziel der quantitativen Sozialforschung.

Demgegenüber wird die Theoriebildung in der qualitativen Forschung aus den Daten des untersuchten Forschungsgegenstandes (gegenstandsbegründet) eine höhere Priorität eingeräumt. Theorien sollen sich aus

---

8 An dieser Stelle sei allerdings darauf hingewiesen, dass die Sozialwissenschaften mit Daten arbeiten, die von anderen bereits einem Bewertungsprozess unterzogen wurden. Insofern handelt es sich um Konstrukte zweiter Ordnung. Deswegen sollte eher von Wirklichkeitsmodellen oder einer Wirklichkeitsstruktur und nicht von Wirklichkeit gesprochen werden. An dieser Stelle kann allerdings keine weiterführende Diskussion erfolgen (vgl.: Schütz, 1971; Soeffner, 2000; Wolff, 2000).

dem Gegenstand der Forschung entwickeln lassen und nicht an ihn herangetragen werden. Hier ist die Relevanz der Theorie bezogen auf den Gegenstand und nicht die Repräsentativität forschungsleitend. Es geht nicht um die Reduktion von Komplexität durch Zerlegung, sondern um die Verdichtung von Komplexität unter Einbezug des Kontextes. Auch die Methoden der quantitativen Forschung müssen gegenstandsangemessen sein (vgl.: Flick, 1999: 56f.).

Beide Forschungsmethoden verfügen über Gütekriterien, wie die der Objektivität, Reliabilität und Validität in der Statistik und Triangulation, Induktion, Deduktion und Abduktion in der qualitativ-empirischen Sozialforschung (vgl.: Baur/Blasius. 2014; Flick/Kardoff/Steinke, 2000).

Grundsätzlich gilt aber für beide Forschungsmethoden der Qualitäts- und Aktualitätsaspekt der Daten bzw. der Datenauswertung. Daten sind dann nützlich, wenn es möglich ist, sie als Entscheidungsgrundlagen zu nutzen. Damit steht die Nützlichkeit im Zusammenhang mit der Aktualität der Daten (vgl.: Berekoven, L. et al., 1999: 26).

Da die quantitativen Daten der vorliegenden Arbeit unmittelbar vor dem sog. Lockdown im März 2020 auf Grund der Corona-Pandemie erhoben wurden, stellte sich die Frage nach außerordentlichen Belastungen bzw. Beanspruchungen bedingt durch sehr plötzliche und extreme Veränderung in der Arbeitsorganisation. Dadurch, dass die quantitative Datenerhebung anonymisiert durchgeführt wurde, war eine zweite Befragung ausgeschlossen, weil die individuellen Daten sich personenbezogen nicht mehr hätten zuordnen lassen (Matching). Somit wären die Daten nicht vergleichbar gewesen. Aus diesem Grund wurde ein problemorientiertes Interview mit fünf Mitarbeitenden durchgeführt, wortwörtlich aufgezeichnet, transkribiert und anschließend nach Kriterien der qualitativen empirischen Sozialforschung ausgewertet. Dabei gilt es zu beachten, dass Probleminterviews die Betroffenen relativ frei zu Wort kommen lassen, um ein offenes Gespräch zu ermöglichen, welches aber auf eine bestimmte Problemkonstellation fokussiert ist. Die Problemkonstellation hat der Interviewer bereits vorher analysiert bzw. als Problem für die Betroffenen identifiziert. Trotz der Freiheit im Gespräch kommt der Interviewer während der

Kommunikation auf die Problemkonstellation zurück, dabei werden aber drei Prinzipien beachtet:

- Die Problemorientierung meint, dass das Interview an einer objektiv (gesellschaftlichen) Problemkonstellation ansetzen soll, welches sich der Interviewer vor dem Interview erarbeitet hat.
- Die Gegenstandorientierung meint, dass die Problemkonstellation auf den spezifischen Forschungsgegenstand bezogen wird.
- Die Prozessorientierung zielt auf eine schrittweise Gewinnung von Daten, wobei der Zusammenhang der einzelnen Elemente sich erst durch reflexive Bezüge aus dem Interview generieren lässt.

Entsprechend der Merkmale der qualitativen empirischen Sozialforschung lässt sich durch die Offenheit der Interviewführung feststellen, ob die Fragen des Interviewers überhaupt verstanden wurden (durch weiterführende Fragen, Verständnisfragen etc.). Durch diese Interviewform können die Befragten ihre subjektive Perspektive und Deutung bezogen auf den Forschungsgegenstand kommunizieren, ohne dass diese einer Bewertung unterzogen werden. Außerdem können die Interviewteilnehmer/innen selbst Zusammenhänge herstellen, die dann auf Bewertungen und Kognitionen verweisen (vgl.: Mayring, 2002: 68f.).

3.1 Beschreibung des Trägers und Maßnahmen der Gesundheitsförderung

In dem Kapitel „Die Rahmenbedingungen für die Kita" wurde der grundsätzliche Zusammenhang zwischen den normativen Anforderungen des SGB VIII, des KItaG Niedersachen, Bildungsgrundsätzen und Aspekten des Arbeitsschutzgesetzes bzw. der Gesundheitsförderung, die sich aus dem SGB VII und weiteren Normierungen ergeben, bereits diskutiert. Insofern erfolgt an dieser Stelle keine grundsätzliche Diskussion mehr, sondern eine Beschreibung des Trägers, um zumindest partiell abbilden zu können, inwieweit die o. g. gesetzlichen Normierungen sich auf Trägerebene wieder finden.[9] Bei der vorliegenden

---

9 An dieser Stelle kann keine systematische Diskussion zur Umsetzung der gesetzlichen Rahmenbedingungen erfolgen.

Arbeit handelt es sich um einen kirchlichen Träger in Niedersachsen.[10] Insgesamt befinden sich sechs Kitas mit 120 Mitarbeitenden und 60 weiteren Mitarbeitenden (die aber nicht unbedingt eine Tätigkeit in einer Kita ausüben) in seiner Trägerschaft. Die Kitas verfügen über jeweils vier bis sieben Gruppen. In den insgesamt 32 Gruppen, davon neun Kinderkrippen, werden im Durchschnitt 730 Kinder betreut. Die Öffnungszeiten sind in der Regel von 7:00 bis 17:00 von Montag bis Freitag. Während der Sommerferien schließen die Kitas für drei Wochen. Der Betreuungsschlüssel des pädagogischen Personals zu Kindern ist in einer Kita zwei zu 25 und in den Krippen drei zu 15. Die Organisations- und Qualitätsentwicklung obliegt der überregionalen Verwaltung in Zusammenarbeit mit den örtlichen Trägern.

In den mit der überregionalen Kirchenverwaltung entwickelten Konzeptionen zur Qualitätsentwicklung sind neben den o. g. Verfahren zum Arbeitsschutz Qualitätskriterien für Personalführung und Gewinnung hinterlegt. Die pädagogische Konzeption bzgl. der Ziele, Methoden, Umsetzung, der Dokumentation von Entwicklungsberichten, der Kooperation mit den Sorgeberechtigten und Dritten ist hier ebenso aufgeführt, wie Verfahrensfragen bei möglichen Kindeswohlgefährdungen. Bei Veränderungen der Konzeptionen im Rahmen des Qualitätsmanagements werden entsprechend Schulungen für die Leitungen als Multiplikatoren angeboten. Weder gibt es ein institutionalisiertes Gremium noch eine regelmäßige Kommunikation über die Fortführung des Qualitätsmanagements.

Ein präventiv angelegtes betriebliches Gesundheitsmanagement ist bislang nicht vorhanden. Fürsorgliche Maßnahmen des Arbeitgebers beziehen sich nahezu ausschließlich auf Aspekte des (entwicklungsfähigen) Arbeitsschutzes und hier insbesondere auf den Impfschutz der Mitarbeitenden, Lärmschutzmaßnahmen, Arbeitszeit- und Pausenregelungen sowie Hygienemaßnahme und den Umgang mit Biostoffen. Der Träger verfügt über einen Betriebsarzt, der aber keine regelmäßigen Schulungen oder routinemäßig Reihenuntersuchungen aller Be-

---

10 Eine konkretere Angabe zum Träger wird an dieser Stelle nicht gemacht, da sowohl dem Träger wie auch der Mitarbeitervertretung Anonymität zugesichert wurde. Die Angabe zum Bundesland erfolgt nur, um entsprechende landesrechtliche Bestimmungen nachvollziehen zu können.

schäftigten durchführt. Der Betriebsarzt wird lediglich anlassbezogen aufgesucht. Instrumente der Konfliktregulierungen, wie externe Interventionen oder Supervision (die auch als Instrumente des Stressmanagements betrachtet werden können) werden nicht regelmäßig, sondern ausschließlich anlassbezogen auf Antrag genehmigt und durchgeführt. Darüber hinaus gibt es auch keine verbindlichen Verfahren zu einem Beschwerdemanagement. Informell besteht die Übereinkunft, dass Beschwerden durch die jeweilige Kitaleitung zu bearbeiten sind. Dieses bezieht sich sowohl auf Beschwerden von Kindern, Sorgeberechtigten, externen Personen als auch Mitarbeitenden.

Formal sind die jeweiligen Kirchengemeinden (hier drei) die Träger der Kitas, wobei die Kirchengemeinden bzgl. der Kitas einen Verbund gebildet haben. Dieser wird über eine Stabsstelle mit besonderen Kompetenzen koordiniert. Die Fachaufsicht ist an die jeweilige Kitaleitung delegiert, die Dienst- und damit Personalaufsicht verbleibt beim Träger

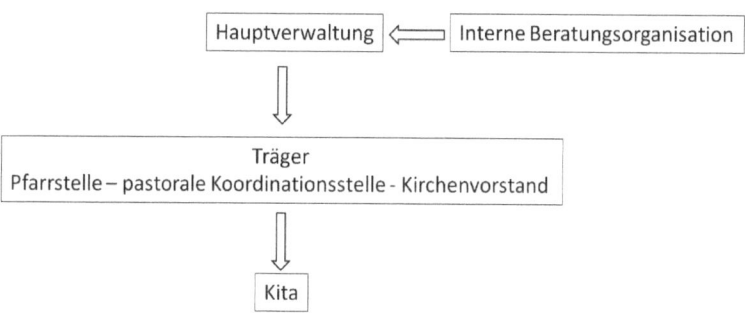

Abbildung 5 Organisationsaufbau Kita-Träger

Quelle: Eigene Darstellung

Die überregionale Kirchenverwaltung gibt die Rahmenbedingungen der örtlichen Organisation vor und trägt die Personalkosten für die hauptamtlichen Theologen vor Ort. Der Träger vor Ort ist die jeweilige Kirchengemeinde, die sich aus dem Kirchenvorstand, dem hauptamtlichen Theologen und dem hauptamtlichen Gemeindekoordinator (für die drei Gemeinden) zusammensetzt. Die beiden Institutionen „hauptamtlicher Theologe" und „hauptamtlicher Gemeindekoordinator" sind qua Amt Mitglieder des Kirchenvorstandes und besitzen in diesem Gremium bei Entscheidungen ein Vetorecht. Falls dieses ausgeübt wird, werden Entscheidungen auf der darüber geordneten Ebene kommuniziert und getroffen. Da die hauptamtlichen Theologen sowohl der örtlichen Gemeinde wie auch der darüber befindlichen überregionalen Verwaltungsebene verpflichtet sind, hat diese immer einen mittelbaren Einfluss auf die Arbeit vor Ort und somit auch auf die Arbeit in den Kitas. Aus dem Kirchenvorstand vor Ort wird ein pädagogischer Beirat bestehend aus dem Gemeindekoordinator und zwei weiteren Personen gebildet. Diese sind neben der Beratung für die pädagogischen Konzepte auch mit Personalführung in den Kitas beauftragt. Für die Qualitätsentwicklung in den Kitas ist die überregionale Kirchenverwaltung zuständig, die die konkrete Entwicklung z. B. in Form von Qualitätshandbüchern an eine weitere kirchliche Organisation, die über eine entsprechende Expertise in der Frühpädagogik, dem KitaG und dem SGB VIII verfügt, abgibt. Diese arbeitet aber lediglich inhaltlich. Formal ist die übergeordnete Verwaltungsebene für die Entwicklung, Kommunikation und Etablierung der Qualitätsentwicklung verantwortlich.

Die Personalkosten für die Mitarbeitenden werden über das KitaG Nds. vom Land Niedersachen getragen. Die Budgetplanung obliegt dem öffentlichen Jugendhilfeträger, der auch für eine Defizitabdeckung verantwortlich ist. Qualitätsentgeltvereinbarungen nach SGB VIII werden nicht geschlossen. Der Kitaträger ist somit für die Infrastruktur, die Personaleinstellung, Personalführung und die pädagogische Konzeption und deren Umsetzung verantwortlich.

3.2 Beschreibung der Stichprobe und Ablauf der Erhebung

Die Untersuchungsgruppe dieser Arbeit sind die pädagogisch Mitarbeitenden eines konfessionellen Kindertagesstätten-Trägers in Niedersachsen. In mehreren Vorgesprächen mit der Leitung des Trägers, der Mitarbeitervertretung und den jeweiligen Kitaleitungen wurde über das Ziel, die Durchführung und über die Instrumente der Befragung informiert und weiterführende Fragen geklärt. 79 von 104 Mitarbeitenden haben das MBI und die SALSA ausgeführt. Es wurde eine sog. Papier- und Bleistiftbefragung durchgeführt, da aus den genannten Vorgesprächen deutlich wurde, dass der Rücklauf durch diese Befragungsart höher sein könnte als durch eine digitale Abfrage. Über die beiden Fragebögen hinaus wurden einige weitere Sozialdaten wie Alter, Berufserfahrung, krankheitsbedingte Fehltage, einschließlich bestimmter Krankheitsformen, abgefragt. Die krankheitsbedingen Fehltage wurden nicht über die Personalabteilung abgefragt, da Bedenken bezüglich der Europäischen Datenschutzverordnung bestanden. Sie wurden direkt von den Betroffenen über die Fragebögen erfasst.

Die Daten wurden anschließend über das Datenverarbeitungsprogramm Microsoft Excel aufbereitet. Die anschießenden Korrelationsanalysen und der Einstichproben t-Test wurde über das Statistikprogramm IBM SPSS Statistics 25, 2017 ausgewertet.

Am 18.05.20 wurde mit der Leitung des Trägers eine Übereinkunft darüber erzielt, mit fünf pädagogischen Fachkräften jeweils ein Telefoninterview zu besonderen Belastungen in der Zeit der Corona-Pandemie zu führen. Ein Face-to-Face-Interview war zu diesem Zeitpunkt der Corona-Pandemie nicht möglich. Zu diesem Zweck wurde ein Pre-Interview mit einer Fachkraft geführt, um anschießend die Probleminterviews führen zu können. Anhand bekannter Belastungen und Beanspruchungen von pädagogischen Fachkräften und den besonderen Bedingungen während der Corona-Pandemie zielte das Pre-Interview darauf ab entsprechende Leitfragen für die eigentlichen Interviews zu entwickeln.

3.3 Die Auswertungs- und Erhebungsinstrumente

In den folgenden Kapiteln werden die quantitativen und qualitativen Erhebungsinstrumente vorgestellt, ihre Anwendung begründet und die Gütekriterien diskutiert. Außerdem werden die Grundlagen von Korrelationsanalysen, dem Einstichproben-t-Test und der qualitativ-empirischen Sozialforschung zusammenfassend dargestellt. Ergänzt werden diese Kapitel um sozialdemographische Daten des Trägers bzw. seiner Mitarbeitenden.

3.3.1 Die Salutogenetische Subjektive Arbeitsanalyse (SALSA)

Das von Riman und Udris 1993 entwickelte Befragungsinstrument orientiert sich an dem Gesundheitsmodell der Salutogenese und fragt sowohl nach Belastungen, die zu Beanspruchungen führen können, als auch nach Ressourcen, die der Gesunderhaltung dienen. 61 Items verteilen sich auf die fünf Merkmalsbereiche: „Anforderungen „Arbeitsbelastungen", „Belastungen durch äußere Tätigkeitsbedingungen", „Organisationale Ressourcen" und „Soziale Ressourcen". Das Instrument erfasst auf personaler Ebene soziale, physische und psychische Schutzmechanismen, die den potenziell gesundheitsschädigenden Faktoren des physikalischen, biologischen und sozialen Umweltsystems gegenüberstehen. Die in allen Betrieben universell einsetzbare SALSA ist ein Selbsteinschätzungsbogen und gehört somit zu den subjektiven Verfahren.

Die SALSA entspricht den Anforderungen an der quantitativen Forschung. Für die einzelnen Skalen konnten Reliabilitätskoeffizienten im Bereich von 0,60 bis 0,90 (Cronbach`s Alpha) ermittelt werden. Hinsichtlich der Validität lässt sich feststellen, dass die Faktorenstruktur in verschiedenen Studien repliziert wurde. Die SALSA verfügt über ihre Standardisierung sowohl über eine Durchführungsobjektivität wie auch die Auswertungs- und Interpretationsobjektivität, da die definierte Auswertung numerische Werte (Häufigkeit, Mittelwert, Standardabweichung) liefert, die die betreffende Person innerhalb der Untersuchungsgruppe eindeutig definiert (vgl.: Rimann/ Benisch/ Udris, 2017: 2ff.).

3.3.2 Das Maslach Burnout Inventory

Das MBI ist international das am meisten eingesetzte Manual zur Erfassung von Burnout. Das MBI besteht in der für alle Berufe einsetzbaren Fassung aus 22 Items, die sich über drei Skalen erstrecken. Die Skala „Emotionale Erschöpfung" besteht aus neun, die Skala „Depersonalisation" aus fünf und die Skala „Persönliche Leistungsfähigkeit" umfasst acht Items. Eine Person ist umso stärker von Burnout betroffen, je höher die Werte in den einzelnen Skalen sind, wobei die

Skalenwerte von „0=nie" bis „6= täglich" reichen. Auch bei diesem Manual handelt es sich um eine subjektive Selbsteinschätzung. Das MBI kann eher als Screeninginstrument für einen Burnoutprozess betrachtet werden und ist kein Diagnosetool für eine klinische Diagnose. Dennoch versucht das Manual über die Ermittlung von Cut-Off-Werten Hinweise für einen solchen Prozess zu liefern. Hierzu werden die Werte der Dimensionen in Terzile differenziert. Das Erreichen von definierten Werten gibt dann Auskunft über den Grad eines möglichen Burnoutprozesses (vgl.: Korczak, D./Kister, C./Huber, B., 2010: 20f.). Bezüglich der Reliabilität und Validität liegen heterogene Ergebnisse für das MBI vor. An dieser Stelle kann kein Gesamtüberblick bezüglich dieser Forschung geleistet werden, dennoch soll exemplarisch auf einige Studien verwiesen werden. Das MBI wurde beispielsweise anhand der Werte von Trainerinnen und Trainern validiert. Hier erreichte es in der Reliabilitätsanalyse einen Wert für Crombachs α zwischen 0.70 bis 0.87. Auch die dreidimensionale Skalenlösung konnte mittels Faktorenanalyse verifiziert werden (vgl.: Altfeld, S./Kellmann, M., 2014: 42ff.).

Weitere Studien, wie die von Kitaoka-Higashiguchi et al. konnten das MBI ebenso als dreifaktorielle Lösung zur Erfassung von Burnout validieren. Bezüglich der Reliabilität wurden Werte für Crombachs α von über 0.80 gefunden. Die dreifaktorielle Struktur für das MBI wurde auch in der Studie von Aluja et al. bestätigt. Hier erreichten die drei Skalen bezüglich der Reliabilität Werte für Crombachs α zwischen 0.50 bis 0.9 (vgl.: Korczak, D./Kister, C./Huber, B., 2010: 35f.). Einschränkend ist allerdings zu konstatieren, dass es auch Studien gibt, in denen das MBI weder als dreifaktorielle Struktur bestätigt werden konnte noch eine ausreichende Reliabilität vorlag. Auch wenn zahlreiche Studien die dreifaktorielle Struktur verifizieren so finden sich insbesondere für die Items der Dimension „Depersonalisation" Faktorladungen von kleiner als 0.30 (vgl.: Neubach, B./Schmidt, K.-H.: 2000: 4f.).

3.3.3 Soziodemographische Daten

Um die Untersuchungsgruppe präziser beschreiben zu können, sind über die Informationen des Trägers hinaus (s.o.) einige zusätzliche Daten erhoben worden, die für die vorliegende Arbeit relevant sind. Hierzu gehören, das Alter der Befragten, die Berufserfahrung als pädagogische Fachkraft (nicht die Zeit der Betriebszugehörigkeit) in Jahren sowie die Dauer von krankheitsbedingten Fehltagen und die Dauer der Fehltage aufgrund einer psychosomatischen Erkrankung.

3.3.4 Korrelationsanalysen

Da es sich bei den eingesetzten Manualen um ordinalskalierte Items handelt wird der Korrelationskoeffizient nach Spearman (r_s) berechnet, zumal dieser keine Normalverteilung verlangt (vgl.: Eid, Gollwitzer/Schmitt, 2010). Der Korrelationskoeffizient nach Spearman betrachtet Paare von Rangplätzen nicht hinsichtlich ihrer Konkordanz oder Diskordanz, sondern im Hinblick auf ihre Differenz (vgl. Benninghaus, 1991: 264). Dabei ist es allerdings für die Rangordnung wichtig, dass Daten aus verschiedenen Quellen analogisiert werden. Die Ränge sollten also dieselbe Richtung im Sinne von „größer" und „kleiner" haben. Der Spearmans Korrelationskoeffizient (r_s) kann Werte zwischen -1 und +1 annehmen. Für die Korrelationsanalysen wurde ein Signifikanzniveau von α=0,05 (also 5%) festgelegt. Dabei gilt für die Interpretation der Zusammenhangsstärke folgendes:

Korrelationskoeffizient	Bedeutung
r ≤ 0,2	Sehr geringe Korrelation
0,2 < r ≤ 0,5	Geringe Korrelation
0,5 < r ≤ 0,7	Mittlere Korrelation
0,7 < r ≤ 0,9	Hohe Korrelation
0,9 < r ≤ 1,0	Sehr hohe Korrelation

Tabelle 3 Korrelationskoeffizienten

Quelle: Bühl, 2018: 346, eigene Darstellung

3.3.5 Einstichproben-t-Test

Der „1-Stichproben t-Test" vergleicht zwei Populationen hinsichtlich bestimmter Eigenschaften, wobei angenommen wird, dass die beiden Populationen unabhängig voneinander sind. Die Nullhypothese würde lauten, dass es keinen Unterscheid zwischen den beiden Populationen gibt. Die Alternativhypothese würde einen Unterschied postulieren. Bei dem t-Wert des „1-Stichprben t-Tests" sind die Freiheitsgrade, die von der Populationsgröße abhängen zu berücksichtigen. Schließlich wird ein Konfidenzintervall bei einem Signifikanzniveau von 95% errechnet. Liegen die berechneten Werte der Nullhypothese „µ" außerhalb dieses Intervalls gilt die Alternativhypothese. Ansonsten träfe die Aussage zu, dass die Werte der untersuchten Population nicht signifikant von der Vergleichspopulation abweicht (vgl.: Bortz, J./Schuster, D., 2010: 118f.).

3.3.6 Qualitativ empirische Daten

Entsprechend der oben diskutierten Standards der qualitativ-empirischen Sozialforschung und insbesondere denen eines sogenannten Probleminterviews wurde vor den eigentlichen Interviews ein Pretest mit einer pädagogischen Fachkraft geführt. Dieser Test diente dazu für die Interviews Leitfragen zu entwickeln, die in jedem Interview vorkommen sollten und von denen aus Vertiefungsfragen gestellt werden konnten. Außerdem diente dieses Interview dazu nachzuvollziehen, ob die Fragen von den Interviewteilnehmerinnen richtig verstanden werden konnten. Grundsätzlich wurden Fragen zu folgen Bereichen gestellt:

- Veränderung in der Arbeitsorganisation seit dem Lockdown (Art und Umfang)
    - Daraus resultierende Belastungen und Beanspruchungen
- Veränderungen in der Kommunikation mit Kolleginnen
    - Daraus resultierende Belastungen und Beanspruchungen
- Veränderungen in der Arbeit mit den Kindern
    - Daraus resultierende Belastungen und Beanspruchungen
- Veränderungen in der Arbeit mit den Sorgeberechtigten

3 Methode

- Daraus resultierende Belastungen und Beanspruchungen
- Veränderungen innerhalb des Teams
  - Daraus resultierende Belastungen und Beanspruchungen
- Einschätzung der Unterstützung durch den Träger/die Politik

Falls erforderlich wurde anhand der Themen, die die Interviewteilnehmerinnen nannten, vertieft nachgefragt um die Offenheit der Interviewführung und die relevanten Themen der Interviewten bezogen auf die Gesamtproblematik adäquat zu berücksichtigen.

4 Ergebnisse

Die folgenden Kapitel dienen der Ergebnispräsentation, ohne allerdings an dieser Stelle bereits eine Interpretation vorzunehmen. Diese erfolgt erst im Kapitel „Diskussion". Entsprechend der diskutierten Erhebungsinstrumente werden die Ergebnisse der SALSA, des MBI, der Korrelationsanalysen, des Einstichproben-t-Tests, der sozialdemographischen Daten sowie der Interviews dargestellt.

4.1 Deskriptiv-statistische Auswertung

Es wurden 104 Manuale des SLASA und des MBI als „Papier- und Bleistiftbefragung" ausgegeben, wovon jeweils 79 Fragebögen ausgefüllt wieder zurückgegeben wurden. Dies entspricht einer Rücklaufquote von 82,16 %. Alle Befragten sind weiblichen Geschlechts. Auf Nachfrage wurde bestätigt, dass bei diesem Träger keine Erzieher angestellt sind. Die jüngste Erzieherin ist zum Befragungszeitpunkt 21 Jahre und die älteste 64 Jahre. Im Durchschnitt sind die Erzieherinnen 42,4 Jahre alt, bei einer Standardabweichung von 12,1 Jahren. Die Dauer der fachbezogenen Berufstätigkeit reichte von einem Jahr bis zu 42 Jahren. Im Durchschnitt sind die Erzieherinnen 18,5 Jahre bei einer Standardabweichung von 11,6 Jahre in ihrem Beruf beschäftigt. Die Anzahl der krankheitsbedingten Fehltage reichen von keinem Fehltag bis zu 142 Fehltagen im zurückliegenden Jahr. Der Durchschnitt der Fehltage belief sich auf 10,9 Tage bei einer Standardabweichung von 18,6 Tage. Fünf Erzieherinnen gaben an, im letzten Jahr aufgrund einer psychosomatischen Erkrankung zwischen einem und 20 Tagen arbeitsunfähig gewesen zu sein. Bezogen auf die Gesamtgruppe entspricht das 3,95 % aller Befragten. Die Anzahl der Fehltage beträgt diesbezüglich im Durchschnitt 0,6 Tage bei einer Standardabweichung von 2,9 Tagen.

4 Ergebnisse

Nachfolgend sind die Auswertungen der übergeordneten Kategorie der SALSA graphisch dargestellt. Auf die sehr differenzierten Subkategorien, die im Anhang abgebildet sind, wird ggf. im Fließtext eingegangen.

Anforderungen				
fast nie	selten	manchmal	oft	fast immer
trifft überhaupt nicht zu	trifft eher nicht zu	teils- teils	trifft eher zu	trifft völlig zu
1	2	3	4	5
1.00 – 1.80	1.81 – 2.60	2.61 – 3.40	3.41 – 4.20	4.21 – 5.00
eher schwache Ausprägung		mittlere Ausprägung	eher starke Ausprägung	
0	0	4	35	40

Tabelle 4 Anforderungen

Quelle: eigene Darstellung

94,9% aller pädagogisch Mitarbeitenden betrachten ihre Arbeitsaufgabe als anspruchsvoll und mit hoher Verantwortung verbunden. 5,0% würden dieser Aussage teilweise zustimmen.[11]

Belastungen				
			selten	fast nie
fast immer	oft	manchmal	trifft eher nicht zu	trifft überhaupt nicht zu
trifft völlig zu	trifft eher zu	teils- teils		
1	2	3	4	5
1.00 – 1.80	1.81 – 2.60	2.61 – 3.40	3.41 – 4.20	4.21 – 5.00
eher starke Ausprägung		mittlere Ausprägung	eher schwache Ausprägung	
0	3	31	34	11

Tabelle 5 Belastungen

Quelle: eigene Darstellung

---

11 Die relativen Zahlen wurden auf die erste Stelle nach dem Komma gerundet. Dadurch kann es zu Rundungsfehlern kommen, die sich im 0,1% Bereich bewegen.

Fast 57% aller Erzieherinnen empfinden ihre Tätigkeit als eher nicht belastend. 4% empfinden sie als belastend und 39% erleben sie als teilweise belastend.

Die Kategorie „Belastungen" setzt sich aus verschiedenen Subkategorien zusammen. Da 39% aller Befragten eine mittlere Belastung angeben, erscheint es sinnvoll die Unterkategorien präziser zu betrachten.

Quantitative Überforderung durch die Arbeitsaufgaben				
fast immer --------------- --- trifft völlig zu	oft ------------ --- trifft eher zu	manchmal -------------- teils- teils	selten ---------------------- - trifft eher nicht zu	fast nie ----------------------------- - trifft überhaupt nicht zu
1	2	3	4	5
1.00 – 1.80	1.81 – 2.60	2.61 – 3.40	3.41 – 4.20	4.21 – 5.00
eher starke Ausprägung		Mittlere Ausprägung	eher schwache Ausprägung	
1	10	45	18	5

Tabelle 6 Quantitative Überforderung durch die Arbeitsaufgabe

Quelle: eigene Darstellung

70,8% der Befragten erleben teilweise oder sogar überwiegend eine Überforderung durch zu viele oder zu viele verschiedene Aufgaben.

Qualitative Überforderung durch die Arbeitsaufgaben				
fast immer --------------- --- trifft völlig zu	oft ------------ --- trifft eher zu	manchmal -------------- teils- teils	selten ---------------------- - trifft eher nicht zu	fast nie ----------------------------- - trifft überhaupt nicht zu
1	2	3	4	5
1.00 – 1.80	1.81 – 2.60	2.61 – 3.40	3.41 – 4.20	4.21 – 5.00
eher starke Ausprägung		mittlere Ausprägung	eher schwache Ausprägung	
0	3	27	32	17

Tabelle 7 Qualitative Überforderung durch die Arbeitsaufgaben

Quelle: eigene Darstellung

4 Ergebnisse

37,9% der Fachkräfte empfinden die Qualität ihrer Arbeitsaufgaben als teilweise oder oft überfordernd.

Unterforderung durch die Arbeitsaufgaben (qualitativ)					
fast immer --- trifft völlig zu	oft --- trifft eher zu	manchmal --- teils- teils	selten --- trifft eher nicht zu	fast nie --- trifft überhaupt nicht zu	
1	2	3	4	5	
1.00 – 1.80	1.81 – 2.60	2.61 – 3.40	3.41 – 4.20	4.21 – 5.00	
eher starke Ausprägung		mittlere Ausprägung	eher schwache Ausprägung		
1	5	26	31	16	

Tabelle 8 Unterforderung durch die Arbeitsaufgaben (qualitativ)
Quelle: eigene Darstellung

Belastungen durch teilweise oder häufige Unterforderungen finden sich bei 40,5% der Fachkräfte.

Belastendes Sozialklima (Kolleg/innen/en)					
fast immer --- trifft völlig zu	oft --- trifft eher zu	manchmal --- teils- teils	selten --- trifft eher nicht zu	fast nie --- trifft überhaupt nicht zu	
1	2	3	4	5	
1.00 – 1.80	1.81 – 2.60	2.61 – 3.40	3.41 – 4.20	4.21 – 5.00	
eher schwache Ausprägung		mittlere Ausprägung	eher starke Ausprägung		
3	8	26	26	16	

Tabelle 9 Belastendes Sozialklima
Quelle: eigene Darstellung

46% aller Befragten erleben zeitweise oder häufiger Belastungen durch ein inadäquates Sozialklima.

4.1 Deskriptiv-statistische Auswertung

Belastendes Vorgesetztenverhalten				
fast immer --- trifft völlig zu	oft --- trifft eher zu	manchmal --- teils- teils	selten --- - trifft eher nicht zu	fast nie --- - trifft überhaupt nicht zu
1	2	3	4	5
1.00 – 1.80	1.81 – 2.60	2.61 – 3.40	3.41 – 4.20	4.21 – 5.00
eher schwache Ausprägung		mittlere Ausprägung	eher starke Ausprägung	
4	4	15	21	35

Tabelle 10 Belastendes Vorgesetztenverhalten
Quelle: eigene Darstellung

29,1% der Fachkräfte erlebt Belastungen durch das Verhalten der Vorgesetzten. Darüber hinaus fühlen sich 43,1% der Fachkräfte durch äußere Belastungsfaktoren wie Lärm, Temperatur, Lichtverhältnisse etc. eher bis sehr oft belastet (siehe Anhang).

organisationale Ressourcen				
fast nie --- ------ trifft überhaupt nicht zu	selten --- --- trifft eher nicht zu	manchmal --- teils- teils	oft --- trifft eher zu	fast immer --- trifft völlig zu
1	2	3	4	5
1.00 – 1.80	1.81 – 2.60	2.61 – 3.40	3.41 – 4.20	4.21 – 5.00
eher schwache Ausprägung		mittlere Ausprägung	eher starke Ausprägung	
0	1	38	34	6

Tabelle 11 organisationale Ressourcen
Quelle: eigene Darstellung

98,7% der befragten Fachkräfte verfügen über nutzbare organisationale Ressourcen. Hierzu zählen soziale Ressourcen, die sich bei allen Befragten repräsentieren. Qualifizierungsmöglichkeiten in eher stärkerem Ausmaß benennen 69,6% der Erzieherinnen, wohin gegen der Tätigkeitsspielraum und Partizipationsmöglichkeiten als Ressourcen etwas geringer mit 43,0 % bzw. 50,6% eingeschätzt werden. Ähnlich verhält es sich mit den persönlichen Gestaltungsmöglichkeiten am Arbeitsplatz, die von 53,1% als eher ausgeprägt eingeschätzt werden als auch mit Spielräumen für persönliche oder private Dinge am Arbeitsplatz mit 18,9%. Ein positives Sozialklima besteht für 78,4% der Befragten, wobei 58,8% ein eher mitarbeiterorientiertes Vorgesetztenverhalten konstatieren. Eine eher ausgeprägte soziale Unterstützung durch Vorgesetzte sehen 72,2% und eine eher ausgeprägte soziale Unterstützung durch Kolleginnen benennen 81% der Erzieherinnen (siehe Anhang).

Nachfolgend finden sich die Ergebnisse des Maslach Burnout Inventory. Das MBI ist so aufgebaut, dass den Skalen „Berufliche Erschöpfung", „Depersonalisation" und „Eigene Leistungseinschätzung" Items zugeordnet sind. Die Werte der siebenstufigen Likert-Skalierung werden in den einzelnen Skalen summiert. Ein hoher Score in den jeweiligen Skalen wird als Hinweis für einen Burnoutprozess betrachtet. Zu diesem Zweck sind die Summenwerte in Terzile differenziert (vgl.: Altfeld, S./Kellermann, M., 2014: 44).

Gesamtpunktzahl Berufliche Erschöpfung (GBE)

Berufliche Erschöpfung	GBE < 17	GBE 18–29	GBE > 30
	Geringes Maß	Mittleres Maß	Hohes Maß
Anzahl Personen	50	20	9
relative Zahlen	63,29	25,32	11,39

Tabelle 12 Gesamtpunktzahl Berufliche Erschöpfung

Quelle: eigene Darstellung

11,39% der Befragten zeigen eine kritische Belastung in der Skala Berufliche Erschöpfung im Gegensatz zu 63,29% die ein geringes Maß an Erschöpfung zeigen.

Gesamtpunktzahl Depersonalisation/ Empathieverlust (GD)

Depersonalisation	GD < 5	GD 6–11	GD 6–11
	Geringes Maß	Mittleres Maß	Hohes Maß
Anzahl Personen	54	20	5
relative Zahlen	68,35	25,32	6,33

Tabelle 13 Gesamtpunktzahl Depersonalisation/Empathieverlust
Quelle: eigene Darstellung

Bezogen auf die Skala Depersonalisation/Empathieverlust zeigen 6,33% der Befragten einen hohen Score. 68,35% zeigen eine geringe Ausprägung in diesem Bereich.

Gesamtpunktzahl Eigene Leistungseinschätzung (GEL)

Eigene Leistungseinschätzung	GEL < 30	GEL 34 – 39	GEL > 40
	Geringes Maß	Mittleres Maß	Hohes Maß
Anzahl Personen	7	20	52
relative Zahlen	8,86	25,32	65,82

Tabelle 14 Gesamtpunktzahl Eigene Leistungseinschätzung
Quelle: eigene Darstellung

65,82% der Befragten schätzen ihre Leistungsfähigkeit im Gegensatz zu 8,86% (geringe Leistungsfähigkeit) hoch ein.

Überblick über die drei Dimensionen/Anzahl der kritischen Werte

	Berufliche Erschöpfung (GBE)	Depersonalisation/ Empathieverlust (GD)	Eigene Leistungseinschätzung (GEL)
Anzahl Personen	Hohes Maß	Hohes Maß	Geringes Maß
absolut	9	5	7
relativ	11,39%	6,33%	8,86%

Tabelle 15   Überblick über die drei Dimensionen/kritische Werte
Quelle: eigene Darstellung

In den verschiedenen Skalen zeigen sich zwischen 6,33% und 11,39% der Befragten als belastet, bzw. mit 8,86% als gering leistungsfähig.

4.2 Hypothesenprüfung mittels Korrelationsanalyse

Nachfolgend werden die übergeordneten Kategorien der SALSA mit den Outcome-Daten des MBI korreliert. Anhand verschiedener Hypothesen soll geprüft werden, ob es korrelative Zusammenhänge zwischen den einzelnen Kategorien gibt.

1. Mit wachsenden Anforderungen steigt der Grad der empfundenen beruflichen Erschöpfung. Bei einem Signifikanzniveau von 0.01 ist $r=0.349$.
2. Mit wachsenden Anforderungen steigt der Grad der Depersonalisation. Bei einem Signifikanzniveau von 0.01 ist $r=0.299$.
3. Mit wachsenden Anforderungen steigt der Grad einer verbesserten Leistungseinschätzung. Es ist keine Signifikanz gegeben.
4. Mit zunehmenden Belastungen steigt der Grad der Beruflichen Erschöpfung. Bei einem Signifikanzniveau von 0.01 ist $r=0.368$.
5. Mit zunehmenden Belastungen steigt der Grad der Depersonalisation. Bei einem Signifikanzniveau von 0.01 ist $r=0.464$.
6. Mit zunehmenden Belastungen durch äußere Tätigkeitsbedingungen steigt der Grad der beruflichen Erschöpfung. Bei einem Signifikanzniveau von 0.01 ist $r=0.452$.

7. Mit zunehmenden Belastungen durch äußere Tätigkeitsbedingungen sinkt die eigene Leistungseinschätzung. Bei einem Signifikanzniveau von 0.025 ist r=0.252.
8. Mit zunehmenden organisationalen Ressourcen sinkt der Grad der beruflichen Erschöpfung. Es ist keine Signifikanz gegeben.
9. Mit zunehmenden organisationalen Ressourcen sinkt der Grad der Depersonalisation. Bei einem Signifikanzniveau von 0.05 ist r= 0.235.
10. Mit zunehmenden sozialen Ressourcen sinkt der Grad der beruflichen Erschöpfung. Bei einem Signifikanzniveau von 0.01 ist r= 0.385.
11. Mit zunehmendem Alter steigt die Anzahl der krankheitsbedingten Fehltage auf Grund einer psychosomatischen Erkrankung. Bei einem Signifikanzniveau von 0.05 ist r= -0.210.

4.3 Ergebnisse zum Einstichprogen-t-Test

Die Erhebungsdaten werden mit den bundesweit erhobenen Daten (siehe Anhang) verglichen. Bezogen auf die einzelnen Kategorien wurden folgende Ergebnisse durch den Einstichproben-t-Test ermittelt:

1. Belastungen durch äußere Tätigkeitsbedingungen im Vergleich zu allen Berufsgruppen: Der Test ist nicht signifikant Sig.=.634.
2. Belastungen durch äußere Tätigkeitsbedingungen im Vergleich zu den Berufsgruppen aus dem Erziehungs- und Unterrichtsbereich: Der Test ist signifikant Sig.=.000. Die Mittelwertdifferenz liegt innerhalb des Konfidenzintervalls.
3. Belastendes Sozialklima im Vergleich zu allen Berufsgruppen. Der Einstichproben-t-Test ist nicht signifikant. Sig= .803.
4. Belastendes Sozialklima im Vergleich zu den Berufsgruppen aus dem Erziehungs- und Unterrichtsbereich: Der Einstichproben-t-Test ist nicht signifikant. Sig.=.02
5. Belastungen durch das Verhalten von Vorgesetzten im Vergleich zu allen Berufsgruppen: Der Einstichprobent-t-Test ist nicht signifikant. Sig.=.161.

6. Belastungen durch das Verhalten von Vorgesetzten im Vergleich zu den Berufsgruppen aus dem Erziehungs- und Unterrichtsbereich: Der Einstichproben-t-Test ist nicht signifikant. Sig.=.382
7. Mitarbeiterinnenorientiertes Vorgesetztenverhalten im Vergleich zu allen Berufsgruppen: Der Einstichproben-t-Test ist signifikant. Sig.=.003. Die mittlere Differenz der Mittelwerte liegt innerhalb des Konfidenzintervalls. Der gefundene Wert weicht positiv ab.
8. Mitarbeiterinnenorientiertes Vorgesetztenverhalten im Vergleich zu den Berufsgruppen aus dem Erziehungs- und Unterrichtsbereich: Der Einstichproben-t-Test ist signifikant. Sig.=.028. Die mittlere Differenz der Mittelwerte liegt innerhalb des Konfidenzintervalls. Der gefundene Wert weicht positiv ab.
9. Partizipationsmöglichkeiten im Vergleich zu allen Berufsgruppen: Der Einstichprobent-t-Test ist signifikant. Sig.=.000. Die mittlere Differenz der Mittelwerte liegt innerhalb des Konfidenzintervalls. Der gefundene Wert weicht positiv ab.
10. Partizipationsmöglichkeiten im Vergleich zu den Berufsgruppen aus dem Erziehungs- und Unterrichtsbereich: Der Einstichproben-t-Test ist signifikant. Sig.=.000. Die mittlere Differenz der Mittelwerte liegt innerhalb des Konfidenzintervalls. Der gefundene Wert weicht positiv ab.
11. Positives Sozialklima im Vergleich zu allen Berufsgruppen: Der Einstichproben-t-Test ist signifikant. Sig.=.000. Die mittlere Differenz der Mittelwerte liegt innerhalb des Konfidenzintervalls. Der gefundene Wert weicht positiv ab.
12. Positives Sozialklima im Vergleich zu den Berufsgruppen aus dem Erziehungs- und Unterrichtsbereich: Der Einstichprobent-t-Test ist signifikant. Sig.=.000. Die mittlere Differenz der Mittelwerte liegt innerhalb des Konfidenzintervalls. Der gefundene Wert weicht positiv ab.
13. Qualitative Überforderung durch die Arbeitsaufgabe im Vergleich zu allen Berufsgruppen: Der Einstichproben T-Test ist nicht signifikant. Sig.=.476.
14. Qualitative Überforderung im Vergleich zu den Berufsgruppen aus dem Erziehungs- und Unterrichtsbereich: Der Einstichproben-t-Test ist nicht signifikant. Sig.=.062.

15. Quantitative Überforderung im Vergleich zu allen Berufsgruppen: Der Einstichproben-t-Test ist nicht signifikant. Sig.=.260.
16. Quantitative Überforderung im Vergleich zu den Berufsgruppen aus dem Erziehungs- und Unterrichtsbereich: Der Einstichproben-t-Test ist nicht signifikant. Sig.=.900.
17. Soziale Unterstützung durch Kolleginnen im Vergleich zu allen Berufsgruppen: Der Einstichproben-t-Test ist signifikant. Sig.=.001. Die mittlere Differenz der Mittelwerte liegt innerhalb des Konfidenzintervalls. Der gefundene Wert weicht positiv ab.
18. Soziale Unterstützung durch Kolleginnen im Vergleich zu den Berufsgruppen aus dem Erziehungs- und Unterrichtsbereich: Der Einstichproben-t-Test ist signifikant. Sig.=.002. Die mittlere Differenz der Mittelwerte liegt innerhalb des Konfidenzintervalls. Der gefundene Wert weicht positiv ab.
19. Spielraum für persönliche und private Dinge am Arbeitsplatz im Vergleich zu allen Berufsgruppen: Der Einstichproben-t-Test ist nicht signifikant. Sig.=.584.
20. Spielraum für persönliche und private Dinge am Arbeitsplatz im Vergleich zu den Berufsgruppen aus dem Erziehungs- und Unterrichtsbereich: Der Einstichproben-t-Test ist signifikant. Sig.=.000. Die mittlere Differenz der Mittelwerte liegt innerhalb des Konfidenzintervalls. Der gefundene Wert weicht positiv ab.
21. Überforderung am Arbeitsplatz im Vergleich zu allen Berufsgruppen: Der Einstichproben-t-Test ist nicht signifikant. Sig.=.632.
22. Überforderung am Arbeitsplatz im Vergleich zu den Berufsgruppen aus dem Erziehungs- und Unterrichtsbereich: Der Einstichproben-t-Test ist nicht signifikant. Sig.=.471.
23. Unterforderung durch die Arbeitsaufgabe im Vergleich zu allen Berufsgruppen: Der Einstichprobent-t-Test ist signifikant. Sig.=.009. Die mittlere Differenz der Mittelwerte liegt innerhalb des Konfidenzintervalls. Der gefundene Wert weicht positiv ab.

4.4 Ergebnisse qualitativ empirische Daten

Nachfolgend werden die Bereiche, die die Interviewteilnehmerinnen als wesentliche Arbeitsveränderungen, welche sie teilweise auch mit

Beanspruchungen konnotieren, aufgeführt. Die Ergebnisse leiten sich aus den geführten Interviews ab, die während der ersten Wochen der Coronapandemie geführt wurden.

4.4.1 Veränderungen im Bereich Arbeitsorganisation

Auf Grund der Coronapandemie wurden bundesweit gesundheitspolitische Maßnahmen im Bereich des Infektionsschutzgesetzes umgesetzt, die auf betrieblicher Ebene zu erheblichen Veränderungen in der Arbeitsorganisation führten.

In der Arbeitszeit: Die Erzieherinnen arbeiten im Schichtdienst (Früh-, Mittags- und Nachmittagsschicht), um das Infektionsrisiko zu reduzieren. Diejenigen Erzieherinnen, die in den Einrichtungen im Dienst sind, haben reduzierte Arbeitszeiten. Fachkräfte im Homeoffice, haben ihre Dienstzeiten entsprechend ihrer Arbeitsverträge.

Teamkonstellation: Dadurch, dass Fachkräfte zu Risikogruppen für mögliche Coronainfektionen zählen, kam es aufgrund dieses Kriteriums zu neuen Teamkonstellationen. Die in den Einrichtungen tätigen Teams sind wesentlich kleiner als die im Normalbetrieb. Die Zusammenstellung dieser Teams erfolgte mit nur wenig Vorlaufzeit und ohne Partizipationsmöglichkeiten.

Gruppenkonstellation bei den Kindern: Die Gruppenkonstellation der Kinder orientierte sich an der sogenannten Systemrelevanz der Eltern. Pro jedem fünften Kind in einer Gruppe, musste eine weitere Fachkraft hinzukommen. Also bei elf Kindern drei Fachkräfte. Die Gruppengröße durfte elf nicht übersteigen. In einem solchen Fall musste eine weitere Gruppe mit einem eigenen Raum installiert werden. Dieses bedeutete, dass Räumlichkeiten erst entsprechend hergerichtet werden mussten oder Funktionsräume (Bewegungsräume etc.) zu Gruppenräumen umfunktioniert werden mussten. Die Gruppen untereinander durften nicht in Kontakt kommen, so dass Betreuungsphasen außerhalb des Gebäudes strikt reglementiert sind.

Arbeitsaufgaben: Die Fachkräfte im Homeoffice hatten die Aufgaben die Jahresplanung (Verabschiedung der schulpflichtigen Kinder, Eingewöhnungsmaßnahmen für die neuen Kinder nach dem Sommer, Elternabende, Infoveranstaltungen, Infobriefe etc.) zu organisieren. Außerdem sollten sie regelmäßig Kontakt zu den Eltern halten, Dokumentationen, Entwicklungsberichte, Netzwerkarbeit, Kleinstreparaturen, Näharbeiten sowie die Kontrolle von Arbeitsmaterialien gewährleisten. Die Komplexität der Arbeit wurde durch die neuen Arbeitsbedingungen zusätzlich gesteigert.

Umsetzung der Pandemiepläne: Durch die ständigen Veränderungen in den Pandemieplänen sind die Fachkräfte häufigen Veränderungen im Arbeitsablauf unterworfen. Sie müssen mit den Eltern kommunizieren, welche Kinder überhaupt und in welchem zeitlichen Umfang in die Kita kommen dürfen. Die Hygienekonzepte sind auszuarbeiten und von den Fachkräften den Eltern und durch die Erzieherinnen unterstützt von den Kindern einzuhalten. Gerade letzteres ist nur sehr eingeschränkt möglich (häufiges Händewaschen, möglichst Abstand halten, Niesetikette, gemeinsames Singen, keinen Körperkontakt zu anderen Kindern und den Fachkräften etc.). Bring- und Abholsituationen verändern sich unter den Hygieneregeln. Kontakte zwischen Eltern werden vermieden und die sog. Tür und Angelgespräche zwischen Eltern und Fachkräften unterbleiben.

4.4.2 Veränderungen im Bereich Kommunikation

Die Umsetzung der Pandemiepläne wirkte sich gravierend auf die interne und externe Kommunikation der Fachkräfte aus.

Art, Dauer und Häufigkeit der Kommunikation mit Kolleginnen, Eltern und Kindern: Einerseits gibt es einen erheblichen Kommunikationsbedarf, dadurch, dass die Pandemiepläne die gesamte Arbeitsorganisation in den Kitas verändert hat, andererseits fehlten die routinierten Kommunikationsräume, wie kurze Infogespräche, Dienstübergaben, Teambesprechungen, Mitarbeiterinnengespräche und Zusammenkünfte auf definierten Funktionsebenen. Zu vielen Kindern gibt es wochenlang keinen oder nur einen sehr sporadischen Kontakt. Gleiches gilt für die Eltern. Face-to-Face-Kontakte, bei denen es auch um die nonverbale Kommunikation mit den Eltern geht, finden nur sehr begrenzt statt.

Kommunikationsmedien: Die Kommunikation wurde oft bilateral und nicht mehr multilateral auf der Ebene der Fachkräfte geführt, da es keine Teamzeiten mehr gab. Die Kontakte wurden zu Beginn über Telefon, dann über WhatsApp Mitteilungen und für mehrere Personen schließlich über digitale Konferenzen organisiert, wobei Zugänge und datenschutzrechtliche Aspekte zu klären waren. Die Kommunikation veränderte sich sowohl in der Form wie auch durch verkürzte Inhalte.

4.4.3 Veränderungen im Bereich Pädagogik

Viele Kinder können seit Wochen nicht mehr in die Kita, was Konsequenzen für die Beziehung der Kinder untereinander wie auch zu den Erzieherinnen hat. Das sogenannte offen oder teiloffene Kitakonzept, was bislang praktiziert wird, ist zu Gunsten eines geschlossenen Konzeptes verändert. Kommunikations- und Aushandlungsprozesse der Kinder untereinander sind reduziert. Es handelt sich zunehmend um eine Einzelbetreuung. Die Beziehungsarbeit der Fachkräfte zu den Kindern ist dadurch eingeschränkt, da Nähe oder Körperkontakte unterbleiben sollen. Die Partizipation der Kinder (durch das offene bzw. teiloffene Konzept) kann nur noch bedingt gefördert werden. Die Kitas sehen ihren Bildungsauftrag und damit auch den Entwicklungsauftrag erheblich eingeschränkt. Außerdem sehen sie Schwierigkeiten beim Übergangsmanagement zur Grundschule.

5 Diskussion

Die nachfolgende Diskussion bezieht sich auf die Qualität der qualitativen und quantitativen Datenerhebung. Bevor die Ergebnisse der Daten interpretiert werden, wird die Vorgehensweise zur Anfertigung dieser Arbeit reflektiert. Danach werden dann Handlungsempfehlungen sowohl für den Träger der Kitas sowie Hinweise für weitere Forschungsaspekte gegeben.

5.1 Qualität der Ergebnisse

Die vorliegende Arbeit umfasst sowohl quantitative wie auch qualitative Querschnittdaten. Bei der Erhebung der quantitativen Daten wurden standardisierte Fragbögen eingesetzt, die evaluiert sind. Durch die Standardisierung werden verschiedene Fehlerquellen minimiert. Das Ausfüllen der Fragebögen wurde den Probanden vor der Ausgabe erläutert. Die Probanden haben die Fragebögen allein nach der Beendigung ihrer Arbeit ausgefüllt und es wurde ihnen der Sinn und Zweck der Instrumente erläutert. Die Probanden erhielten für ihre Leistung keine Gratifikation und die Teilnahme war freiwillig. Es wurde lediglich vereinbart, dass dem Träger und den Mitarbeitenden die Ergebnisse im Rahmen einer Veranstaltung präsentiert werden. Damit ist auch eine Transferleistung mit Praxisbezug gegeben. Durch diese Vorgehensweise kann einerseits davon ausgegangen werden, dass die Beantwortung der Fragen formal korrekt erfolgt ist und anderseits eine hohe Authentizität gegeben ist, da es weder Vor- noch Nachteile durch die Mitarbeit gibt. Stimmungs- oder „tagesformabhängige" Einflüsse lassen sich zwar nicht ausschließen, allerdings kann davon ausgegangen werden, dass der statistische Einfluss bei 79 Teilnehmenden relativ gering ist. Auch wenn es sich bei einer Rücklaufquote von 82% nicht um eine Vollerhebung handelt, kann von einer Repräsentativität ausgegangen werden. Da die absolute Zahl der Fragebögen 30 überschreitet sind auch die Kriterien für eine quantitative Vorgehensweise erfüllt (vgl.: Bortz, J./Schuster, D., 2010: 30; Bortz, J./Schuster, D., 2010: 80). Die standardisierte quantitative Vorgehensweise ermöglicht Objektivität bezüglich der Durchführung, der Auswertung wie auch der Interpretation der Daten. Die SALSA gewährleistet durch zahlreiche Studien unterstützt die Kriterien der Validität und Reliabilität (s.o.). Diesbezüglich sind Daten zum MBI heterogen. Einige Studien bestätigen diese Gütekriterien, andere stellen die Reliabilität bzgl. der Dimension „Depersonalisierung" in Frage (s.o.). Insofern ist diesbezüglich bei der Interpretation der Daten des MBIs Vorsicht geboten. Der durchgeführte Einstichproben-t-Test ist ein objektives mathematisches Verfahren zur Überprüfung von Mittelwertabweichungen. Dieses Verfahren konnte hier eingesetzt werden, da es bezüglich des SALSA Vergleichsdaten gibt, vom PT-Verlag zur Verfügung gestellt wurden (siehe Anhang).

Entsprechend der Gütekriterien für die qualitative Forschung wird davon ausgegangen, dass sie wesentliche Fragestellungen und zu identifizierenden Probleme aus dem Forschungsgegenstand heraus entwickelt. Sie ist also gegenstandsbegründet und verfügt über die Kriterien der Induktion, Deduktion, Abduktion und Triangulation über Gütekriterien, die bei der Auswertung der vorliegenden Kurzinterviews angewandt wurden. Außerdem wurde ein Pre-Interview mit einer Fachkraft geführt, um die Themen und die Verständnisfähigkeit der Fragen zu identifizieren bzw. zu überprüfen. Außerdem bestand während des Interviews die Möglichkeit Verständnisfragen zu stellen oder vertiefend nachzufragen. Die wortwörtliche Transkription gewährleistet eine Überprüfung der Datenaufbereitung und Interpretation.

5.2 Reflexion der Vorgehensweise

Sozialwissenschaftliche Forschung, die auch als Wirklichkeitsforschung bezeichnet wird, hat Wirklichkeiten zum Gegenstand, die sie anhand wissenschaftlicher Kriterien hinsichtlich definierter Fragestellungen analysiert. Ihre Methoden müssen gegenstandsangemessen und empirisch überprüfbar sein. Nichtsdestotrotz kann eine empirische Forschung nicht ohne theoretische Fundierung auskommen. Dies bezieht sich einerseits auf ihre Methoden (im Sinne einer Methodologie), andererseits auf Theorien, die den zu untersuchenden Forschungsgegenstand erklären oder verstehbar machen. In der vorliegenden Arbeit war es deswegen notwendig Theorien zum Stress, Modelle beruflicher Belastungen und Annahmen zum Burnout-Syndrom zu diskutieren. Auf Grundlage dieser Diskussion wurden Erhebungsinstrumente ausgewählt, mit denen einerseits das Belastungs- und Beanspruchungserleben und andererseits Indikatoren zu einem Burnoutprozess der Probanden erhoben werden konnten. Gleichzeitig konnten mögliche Ressourcen ermittelt werden, die einen positiven Einfluss auf das Belastungserleben haben. Die Outcomedaten des Stresserlebens wurden mit den Daten des Burnouterlebens korreliert. Durch diese Vorgehensweise konnten unabhängig voneinander sowohl Daten zu Belastungen und Ressourcen als auch zum Burnoutprozess erhoben werden. Dadurch, dass die Outcomedaten des Belastungserlebens mit den Daten des Burnoutprozesses korreliert wurden, konnte festgestellt werden, ob es Zusammenhänge zwischen diesen beiden Dimensionen für die untersuchte Gruppe gibt. Um mögliche besondere Belastungsbereiche während außergewöhnlicher Momente wie die der Coronapandemie identifizieren zu können wurden zusätzlich noch Probleminterviews mit Fachkräften geführt. Um die generierten Daten systematisch interpretieren zu können sind darüber hinaus noch Kenntnisse über den Träger erforderlich. Ex post wäre eine (wenn auch hier nicht zu leisten) an den konkreten Arbeitsbedingungen orientierte Arbeitsplatzanalyse über Belastungen und infolgedessen Beanspruchungen erstens vertiefend und zweitens noch differenzierter als die hier gewählte Methode. Damit könnten Aspekte der Arbeitsbedingungen wesentlich besser analysiert werden.

Selbst wenn das MBI, das am häufigsten eingesetzte Messinstrument zur Erfassung von Burnout ist, könnte es aufgrund der kritisch zu betrachtenden Reliabilität sinnvoller sein, ein anderes Instrument hierfür zu verwenden. Trotz dieser Einschränkung sollte berücksichtigt werden, dass es sich hier um ein Screening- und nicht um ein Diagnoseinstrument handelt (s.o.).

5.3 Interpretation der Ergebnisse

Durch die ungerade Anzahl der Antwortkategorien in der SALSA brauchen sich die Probanden nicht im Sinne von Top Box bzw. Bottom Box Antworten positionieren, womit die Tendenz zur Mitte besteht. Die Mitte schließt aber weder Bewertungen in die eine oder andere Richtung aus, sie sagt vielmehr, dass es in diesem Bereich Entwicklungsmöglichkeiten oder Notwendigkeiten gibt. Nachfolgend werden die wesentlichen Ergebnisse der SALSA, des MBI, der qualitativen Befragung und des Einstichproben-t-Tests diskutiert, um mögliche Zusammenhänge zu identifizieren.

Zum Befragungszeitraum waren ausschließlich weibliche Fachkräfte beschäftigt von denen 3,95% angaben, während des letzten Jahres aufgrund psychosomatischer Erkrankungen Fehlzeiten gehabt zu haben. Diese Quote scheint auf den ersten Blick relativ gering (s.o.), weil Mitarbeitende trotz (erheblicher) Belastungen ihrer Arbeitsverpflichtung nachkommen oder sogar einen Präsentismus praktizieren, der hier aber nicht erhoben bzw. diskutiert werden kann. Dabei ist zu konstatieren, dass eher jüngere Mitarbeiterinnen von den psychosomatischen Erkrankungen betroffen sind. Diese, wenn auch geringe Korrelation korrespondiert mit Annahmen aus anderen Studien (s. o.), wonach eher jüngere, berufsunerfahrene Fachkräfte diese Formen der Erkrankungen zeigen. Demgegenüber scheint die Belastungswahrnehmung, bei einer geringen Korrelation, mit zunehmender Berufserfahrung zuzunehmen. 43% der Befragten fühlen sich teilweise durch ihre Tätigkeit belastet. Die Belastungen zeigen eine geringe Korrelation mit beruflicher Erschöpfung. Ähnlich verhält es sich mit Belastungen und dem Grad der Depersonalisation mit einer ebenfalls geringen Korrelation ($r=0.464$). 43,1% der Befragten fühlen sich durch äußere Tätigkeitsbedingungen (teilweise) belastet. Diese Belastung korreliert ebenfalls auf einem geringen Niveau mit dem Grad der beruflichen Erschöpfung ($r=0.452$). Die subjektiv wahrgenommenen Belastungen zeigen eine insgesamt geringe Korrelation mit den Kategorien des MBI. Diesbezüglich kann angenommen werden, dass es puffernde berufliche oder persönliche Ressourcen gibt, die dazu führen, dass die Korrelationen sich als relativ gering erweisen. Trotz dieser Ergebnisse sind sowohl die Belastungen wie auch die Zusammenhänge mit den

Kategorien des MBI vorhanden. Ebenso verhält es sich mit wachsenden Anforderungen im Beruf, die ebenfalls auf einem geringen Niveau (r=0.349) mit der Kategorie der beruflichen Erschöpfung korrelieren. Die hier abgefragten Anforderungen beziehen sich auf die Aufgabenvielfalt, Unterbrechungen der Arbeitsaufgaben, Qualifikationsanforderungen, besondere Fähigkeiten und Fertigkeiten etc. und verweisen einerseits auf eine Komplexitätssteigerung und andererseits auf eine Multitaskingfähigkeit. Beides sind, wie oben diskutiert, Belastungsfaktoren, die in bestimmten Situationen zu Beanspruchungen führen können.

Bemerkenswert ist allerdings der Zusammenhang zwischen Alter und psychosomatischen Erkrankungen und Fehltagen. Hier zeigen sich tendenziell eher leicht negative Korrelationen. Wie oben bereits diskutiert scheinen hiervon eher jüngere Erzieherinnen und Erzieher betroffen zu sein. Diesbezüglich ergeben sich u. a. Forschungsfragen zur beruflichen Sozialisation, dem Nähe-Distanz-Verhalten zur Klientel, der Einarbeitung, der Berufserfahrung, der Professionalisierung, der eigenen Haltung insbesondere in belastenden Situationen und längeren Arbeitsphasen etc.

Einen, wenn auch geringen puffernden Einfluss auf die Kategorie Depersonalisation des MBI haben organisationale Ressourcen (r= 0.235) bzw. soziale Ressourcen bezogen auf die berufliche Erschöpfung (r= 0.385). Die übrigen Outcomedaten der SALSA zeigen keine signifikante Korrelation mit den Daten des MBI. Aus den vorliegenden Daten lassen sich damit nur begrenzt Rückschlüsse auf einen Zusammenhang eines Burnoutprozesses, aufgrund der empfundenen Belastungen, ziehen. Auf der einen Seite sind subjektiv wahrgenommene Belastungen ebenso vorhanden wie Ressourcen. Auf der anderen Seite zeigt ein Teil der Befragten hohe Werte in den Kategorien des MBI, wobei nur wenige in allen drei Kategorien erhöhte Werte, die aber nicht im Sinne einer Diagnose zu verstehen sind, zeigen. Jede zehnte Befragte zeigt erhöhte Werte im Bereich der beruflichen Erschöpfung. Damit kommen diese Daten den in der Literatur wiedergegebenen empirischen Analysen (s.o.) nahe, wonach 10% und deutlich mehr Mitarbeitende in Kitas von Burnoutsymptomen betroffen sind. Da es diesbezüglich keine einheitlichen und standardisierten bundesweiten Vergleichsdaten gibt, ist ein Einstichproben-t-Test nicht möglich. Allerdings lassen sich die Mittelwerte der hier erhobenen Daten der SALSA mit denen der bundesweit erhobenen Daten mittels Einstichproben-t-Test vergleichen. Nachfolgend werden die signifikanten Mittelwertabweichungen, die sich auf die gleiche Berufsgruppe beziehen, diskutiert. Bezogen auf die äußeren Tätigkeitsbedingungen ist die SALSA signifikant, d.h. dass es sich um eine tatsächliche, systematische Mittelwertabweichung handelt und die Probandengruppe nicht durch die Gesamtpopulation der Erziehungsberufe repräsentiert wird. Ebenfalls signifikant ist die Mittelwertabweichung in Bezug zu einem mitarbeiterbezogenen Vorgesetztenverhalten, den Partizipationsmöglichkeiten, einem positiven Sozialklima, der sozialen Unterstützung durch Kolleginnen und möglicher Spielräume für private und persönliche Dinge am Arbeitsplatz. Die Mittelwertabweichung ist in allen Bereichen positiv. Somit ist in diesen Dimensionen dieser Träger nicht repräsentativ für die Berufsgruppe der Erzieherinnen und Erzieher. Offensichtlich werden diese Ressourcen besonders hoch im Vergleich zur Gesamtgruppe der Erziehungsberufe bewertet. Genau dieser Bewertungsprozess impliziert die subjektiven Bewertungsmaßstäbe. Was für den einen eine Unterstützung ist, ist für den anderen noch keine Ressource. Analog gilt dieses selbstverständlich auch für Belastungen und Beanspruchungen, womit deutlich wird, dass sowohl für die Wahrnehmung von Ressourcen wie auch die Qualität des Stresserlebens subjektive Faktoren von Bedeutung sind. Trotz dieser Subjektivität weichen die Daten dieses Trägers diesbezüglich signifikant (positiv) von der Gesamtheit ab.

Belastungen durch äußere Tätigkeitsbedingungen wurden in der SALSA von 43% der Befragten benannt. Diese Belastungsfaktoren korrelieren wiederum mit der Kategorie der beruflichen Erschöpfung. Gleichzeitig entspricht die Mittelwertabweichung der Untersuchungsgruppe nicht der Gesamtpopulation. Damit scheint diese Belastungskategorie betriebliche Relevanz zu besitzen.

Sowohl Anforderungen wie auch Belastungen korrelieren gering mit beruflicher Erschöpfung und Depersonalisation. Selbst wenn dieser Zusammenhang gering ist, so ist er dennoch vorhanden. Da Burnout, wie oben beschreiben, einen Prozess darstellt, sollte diesen Daten Aufmerksamkeit zu teil werden.

Gerade in Bezug zu Aspekten der Anforderungen scheinen diese eine besondere Bedeutung zu haben, wie sich auch aus den Äußerungen der Interviews entnehmen lässt. Die zusätzlichen bzw. neuen organisationalen Anforderungen in der Arbeitsorganisation wurden von allen Interviewten als Belastungen nicht nur für sich empfunden, sondern auch bei den Kolleginnen wahrgenommen. Diese Belastungen bzw. Beanspruchungen korrespondieren mit Erkenntnissen aus den o. g. Studien, wonach die Komplexitätssteigerung der Tätigkeit, die teilweise Fragmentierung der Arbeit und die inhaltliche wie zeitliche Multitaskingfähigkeit zu erhöhten Beanspruchungen, die zu einer zunehmenden Unfähigkeit des Abschaltens von der Arbeit bis hin zu Schlafstörungen führt (siehe Interviews). Hierzu gehört auch die ständige Kommunikationsnotwendigkeit mit unterschiedlichen Kommunikationspartnerinnen und -partnern zu heterogenen Themen, oder wie es eine Interviewpartnerin ausdrückte: „Ich bin nur noch am Reden und eigentlich habe ich keine Worte mehr". Die ständigen Veränderungen der Arbeitsorganisation während der Coronapandemie verweist darüber hinaus auf die Unkontrollierbarkeit der Bedingungen, die ebenfalls als belastend wahrgenommen wurde. Damit werden neben arbeitsorganisatorischen Aspekten auch individuelle psychische Faktoren wie Kontrolle und Selbstwirksamkeit angesprochen, die ebenfalls Teil eines (individuellen) Stress- bzw. Gesundheitsprozesses sind.

5.4 Handlungsempfehlungen

Die vorliegende Befragung verweist sowohl auf der Verhaltens- wie auch implizit auf der Verhältnisebene auf verschiedene Handlungsaspekte. Offensichtlich gibt es in der Wahrnehmung des Fachpersonals verschiedene Ressourcen, die einen moderierenden Einfluss auf Belastungen bzw. Beanspruchungen haben. Hierzu zählen neben einem mitarbeiterorientierten Vorgesetztenverhalten, die soziale Unterstützung durch Kolleginnen, sowie organisationale Ressourcen und hier insbesondere Partizipationsmöglichkeiten, persönliche Gestaltungmöglichkeiten am Arbeitsplatz, den Tätigkeitsspielraum und Qualifizierungsmöglichkeiten. Diesbezüglich wäre es von Interesse, ob es bei diesem Träger Verfahren und Maßnahmen zur weiteren Sicherung dieser Ressourcen gibt, also ob sie systematisch betrieblich gefördert werden oder ob es für diese Ressourcen andere Gründe gibt. Um dieses herauszufinden könnten sich beispielweise Mitarbeiterzirkel oder thematische Teamtage anbieten. Hier geht es dann eher nicht mehr darum, welche Ressourcen vorliegen, sondern um einen organisationalen Aspekt diese weiter zu fördern. Eine qualitative Vorgehensweise würde sich hierfür anbieten. Ähnlich könnte der Träger bezüglich der identifizierten Belastungen vorgehen, wobei solche Maßnahmen mit der Mitarbeitervertretung abgestimmt und die Teilnahme freiwillig sein sollte. Unter Umständen würden sich auch anonymisierte Interviews bezüglich der Belastungen anbieten, die auch dazu dienen könnten, die Belastungen weiter zu differenzieren. Die identifizierten konkretisierten Belastungen könnten auch Grundlage für die Mitarbeiterzirkel sein. Die empfundenen Belastungen könnte eine Folge der steigenden Komplexität aber auch eine Form der Sättigung sein. Oft berichten Erzieherinnen und Erzieher von zunehmend problematischen Kindern, bei weniger gut erreichbaren Eltern. In jedem Fall sollte im Sinne der Gesundheitsfürsorge und des Qualitätsmanagements dieses Datum diskutiert werden.

Tendenziell (geringe Korrelation) sind eher jüngere Fachkräfte von psychosomatischen Erkrankungen betroffen. Im Sinne der Gesundheitsfürsorge und der Entwicklung der Berufsrolle könnte diesem Effekt evtl. durch Moderations-, Interventions- oder Supervisionsverfahren begegnet werden. Grundsätzlich und diesbezüglich korrespondieren die Daten mit den Erkenntnissen aus anderen Studien und den oben diskutierten Theorien zur Belastung von Erzieherinnen und Erziehern sollte herausgefunden werden, welche äußeren Tätigkeitsmerkmale (Lärm, Lichtverhältnisse etc.) zu Beanspruchungen führen, zumal diese mit Merkmalen der beruflichen Erschöpfung korrelieren. Dasselbe gilt für zunehmend wachsende Anforderungen, die auf die Komplexitätssteigerungen bzw. Multitaskinganforderungen, wie sie in der Wissenschaft diskutiert werden, verweisen. Auch diese Daten korrelieren mit der beruflichen Erschöpfung bzw. Depersonalisation.

Bezüglich der über das MBI festgestellten Daten, die tendenziell Burnoutmerkmale bei einem Teil der Fachkräfte dokumentieren wäre eventuell eine Information über das Konstrukt Burnout für alle pädagogischen Mitarbeiterinnen sinnvoll. Fachkräften die sich, was ihr eigenes Wohlbefinden angeht, unsicher sind, sollte die Möglichkeit einer Beratung bei dem Betriebsarzt gegeben werden.

Resümee

Sozialwissenschaften werden als Wirklichkeitswissenschaften bezeichnet. Sie setzen sich damit auseinander was Individuen als Wirklichkeit konstituieren, bewerten und wie sie sich selbst in dieser Wirklichkeit erleben. Dieses Erleben kann empirisch aber nicht ohne theoretische Annahmen sozialwissenschaftlich rekonstruiert werden. In der vorliegenden Arbeit ist dieser Zugang auf die Frage von Belastungsfaktoren, deren individuellen Bewertung und möglichen Zusammenhängen zu einem Burnoutprozess bezogen worden.

Dabei zeigt sich das die theoretische Auseinandersetzung mit dem Stressbegriff eine Notwendigkeit ist, um überhaupt die Fragestellung der Arbeit formulieren zu können. Zugleich wird mit dieser Auseinandersetzung aber in Anlehnung an die Eingangsätze zu diesem Kapitel deutlich, dass es den 'einen` Stressbegriff nicht gibt und man sich wissenschaftlich begründet trotzdem für einen Stressbegriff entscheiden muss. Analoges gilt für die Arbeitsbelastungsmodelle, deren Kenntnis erforderlich ist, um die Frage von Gesundheit bzw. Krankheit am Arbeitsplatz oder durch Arbeit überhaupt diskutieren zu können.

Anders verhält es sich mit dem Burnoutbegriff. Eine Vielzahl von Symptomen ist als Syndrom das als Burnout bezeichnet wird, konzeptionalisiert worden. Dabei ist das Syndrom ätiologisch vornehmlich an einen Erwerbsarbeitsprozess gebunden. Sowohl die Ätiologie wie auch die Vielzahl der relativ umfassenden Symptome zeigen, dass es schwierig ist, Burnout präzise und hinreichend deutlich von anderen Entitäten abzugrenzen. Insofern scheint es sinnvoll von einem Syndrom und nicht von einer Erkrankung oder Störung zu sprechen. Das definitorische Defizit erschwert wiederum die Identifizierung dieses Syndroms. Damit verbunden ist die Schwierigkeit entsprechende Fragebögen, die den statistischen Gütekriterien entsprechen, zu entwickeln. Kritisch ließe sich konstatieren, dass Burnout das ist, was die Burnout-Fragebögen in ihrer jeweiligen Konzeptionalisierung als solches definieren und erfassen. Infolgedessen zeigt sich die Problematik der Reliabilität auch beim MBI. Aber wie soll etwas über evaluierte statistische Methoden identifiziert werden, dass nicht ein eindeutig definiert ist? Insofern gibt es sowohl bei der Definition, der Ätiologie und der Symptomatologie von Burnout noch Forschungsbedarfe, obwohl das Phänomen der psychosozialen Erschöpfung unstrittig ist. Dabei gilt es allerdings zu berücksichtigen, dass Erschöpfung keine Krankheit sein muss aber Krankheitswert haben kann. Damit sind die Aussagen zum Burnout in dieser Arbeit vorsichtig zu interpretieren und aus diesem Grund wird auch von einem Burnoutprozess, der kein statischer Zustand ist, gesprochen. Zur Erfassung von Belastungen, Beanspruchungen und arbeitsbedingten Stresssymptomen gibt es andere Manuale, die dem MBI gleichwertig sind und die nicht die Frage nach einer Erkrankung bzw. eines Syndroms zum Gegenstand haben. Dennoch ist davon auszugehen, dass diese wichtige Hinweise zum Stresserleben der Betroffenen geben.

Darüber hinaus könnte es zielführender sein, Forschungsfragen wesentlich differenzierter konkret an der Tätigkeit der Erzieherinnen und Erzieher auszurichten. Hierfür wäre eine qualitative Vorgehensweise, auch wenn sie nicht repräsentativ ist, sinnvoll. Eine scheinbar ausreichend präzise Frage nach Belastungen aus den Kommunikationsprozessen könnte beispielsweise wesentlich differenzier sein, wenn sie konkretisiert in den Kontext der Tätigkeit in einer Kita gestellt wird. In diesem Beispiel könnte danach gefragt werden, was in der Kommunikation belastet. Sind es die Gesprächsinhalte, die möglichen Konsequenzen des Gesprächs (z. B. Handlungszwänge bei Entwicklungsverzögerungen, Kindeswohlgefährdungen etc.), die Gesprächspartner, das Setting usw. Entsprechend der Ergebnisse einer qualitativen Vorgehensweise könnten Maßnahmen zur Stressreduzierung entwickelt werden. Vielleicht sollte es also nicht so sehr um ein 'Mehr' an Daten gehen, sondern eher um die Qualität der Daten.

Trotz dieser Einschränkungen kann auch anhand der Daten der vorliegenden Arbeit festgehalten werden, dass die pädagogische Tätigkeit in einer Kita eine komplexe (Emotions-)Arbeit ist. Die Fachkräfte sind diversen Belastungen ausgesetzt, die einen Teil ihres betrieblichen bzw. beruflichen Alltags darstellen. Dass gerade die Steigerung der Komplexität der Tätigkeiten und der kommunikativen Anforderungen belastend sein kann, konnte durch die Interviews belegt werden. Die

Belastungen, die nicht zufällig bedingt sind, zeigen wie notwendig und sinnvoll die Einführung und Verstetigung eines Gesundheitsmanagements ist. Insofern besitzt die vorliegende Arbeit nicht nur für die Mitarbeitenden wie auch den Träger eine wichtige Praxisrelevanz, sondern auch für die Praxiswissenschaft.

Literaturverzeichnis

Almstadt, E/ Geba.uer, G./ Medjedović, I. (2012): Arbeitsplatz Kita. Im Internet unter: https://www.econstor.eu/bitstream/10419/109014/1/730721256.pdf. Letzter Zugriff: 15.06.2020.

Altfeld, S./ Kellmann, M. (2014): Erfassung von Burnout bei Trainern: Reliabilität und Validität von drei Burnoutfragebögen. Dtsch Z Sportmed (2) 65 (2014) S. 43 – 49.

Angerer, P./Siegrist, K./Gündel, H. (2014): Psychosoziale Arbeitsbelastungen und Erkrankungsrisiken. In Sailer, K./Jansing, P.-J. (Hrsg.): Erkrankungsrisiken durch arbeitsbdingte psychische Belastungen. Düsseldorf: Landesinstitut für Arbeitsgestaltung.

Badura, B. et al. (Hrsg.) (2011): Fehlzeiten-Report 2011. Berlin, Heidelberg, New York: Springer Verlag, S. 30–169.

Antonovsky, A. (1997): Salutogenese. Zur Entmystifizierung der Gesundheit. Tübingen: DGVT

Badura, B. et al. (Hrsg.) (201.4): Fehlzeiten-Report 2014. Berlin, Heidelberg, New York: Springer Verlag.

Badura, B. et al. (Hrsg.) (2009): Fehlzeiten-Report 2009. Berlin, Heidelberg, New York: Springer Verlag.

Badura, B./Walter, U. (2014): Führungskultur auf dem Prüfstand. In: Badura, B. et al (Hrsg.): Fehlzeiten-Report 2014. Erfolgreiche Unternehmen von morgen - gesunde Zukunft heute gestalten. Berlin und Heidelberg: Springer Verlag.

Bamberg, E/Mohr, G./Busch, C. (2012): Arbeitspsychologie. Göttingen: Hogrefe.

Bamberg, E./Ducki, A./Metz, A.-M. (1998) (Hrsg.): Handbuch Betriebliche Gesundheitsförderung. Göttingen: Verlag für angewandte Psychologie.

Bauer, N. (2014): Methoden der empirischen Sozialforschung. Ein Überblick. In: Baur, N./Blasius, J. (Hrsg.) Handbuch und Methoden der empirischen Sozialforschung. Wiesbaden: Springer Verlag, S. 1–29.

Bakker, A./Killmer, C./Siegrist, J./Schaufeli, W. (2000): Effort-reward imbalance and burnout among nurses. Journal of Advanced Nursing, 31, 4, S. 884–891.

Becker, B. (2014): Das Gesundheitsmanagementkonzept der Stadt Recklinghausen. In: Stierle, J./Vera, A.: Handbuch Betriebliches Gesundheitsmanagement. Stuttgart: Schäffer-Poeschel-Verlag, S. 415–433.

Berger, J. et al (2002): Stress bei Erzieherinnen. Hamburg: Berufsgenossenschaft für Gesundheitsdienste und Wohlfahrtspflege, DAK Gesundheitsmanagement.

Blättner, B./Waller, H. (2018): Gesundheitswissenschaften, 6. Überarbeitete Auflage, Stuttgart: Kohlhammer Verlag.

Bort, J./Schuster, C. (2010): Statistik für Human- und Sozialwissenschaftler. 7. vollständig überarbeitete Aufl., Berlin, Heidelberg, New York: Springer Verlag.

Brinkmann, R. (2014): Angewandte Gesundheitspsychologie. Halbergmoos: Pearson Verlag.

Bühl, A. (2008): SPSS 16, Einführung in die moderne Datenanalyse. München: Pearson Education Verlag.

Bundesanstalt für Arbeitsschutz und Arbeitsmedizin (Hrsg.) (2010): Psychische Belastung und Beanspruchung im Berufsleben: Erkennen – Gestalten. Im Internet unter: https://www.baua.de/DE/Angebote/Publikationen/Praxis/A45.pdf?__blob=publicationFile. Letzter Zugriff: 30.05.2020.

Burisch, M. (2014): Das Burnout-Syndrom, 5. überarbeitete Aufl., Heidelberg: Springer Verlag.

BZgA (Hrsg.) (2002): Früh übt sich – Gesundheitsförderung im Kindergarten. Im Internet unter: https://www.bzga.de/infomaterialien/fachpublikationen/fachpublikationen/band-16-frueh-uebt-sich-gesundheitsfoerderung-im-kindergarten/. Letzter Zugriff: 15.06.2020.

Demerouti, E./Bakker, A. B./ Nachreiner, F./ Schaufeli, W.B. (2000): A model of burnout and life satisfaction amongst nurses. Journal of Advanced Nursing, 32, S. 454–464.

Demerouti, E./Bakker, A.B./Nachreiner, F./ Schaufeli, W.B. (2001): The Job Demands-Resources Model of Burnout. Journal of Applied Psychology, 8, S. 499–512.

Dragano, N., He, Y./Moebus, S./ Jöckel, K. H./ Erbel, R./ Siegrist, J. (2008): Two models of job stress and depressive symptoms: Results from a population-based study. Social Psychiatry and Psychiatric Epidemiology, 43, S. 72 – 78.

Ducki, A. (2013): Verdammt zum Erfolg – Die süchtige Arbeitsgesellschaft? In: Badura, B. et al (Hrsg.) Fehlzeiten-Report 2013. Verdammt zum Erfolg – die süchtige Arbeitsgesellschaft? Berlin und Heidelberg: Springer Verlag: S. 3–10.

Engel, G. L. (1977): The need for a new medical model: a challenge for biomedicine. Science 196 (4286), S. 129–136.

Faber, U./Faller, G. (2017): Hat BGF eine rechtliche Grundlage? – Gesetzliche Anknüpfungspunkte für die Betriebliche Gesundheitsförderung in Deutschland. In: Faller, G. (Hrsg.): Lehrbuch Betriebliche Gesundheitsförderung. Bern: Hogrefe Verlag, S. 57–76.

Faltermaier, T. (2017): Gesundheitspsychologie. 2. überarbeitete Aufl., Stuttgart: Kohlhammer.

Fuchs, T./Trischler, F. 2008): Arbeitsqualität aus der Sicht von Erzieherinnen und Erziehern. Im Internet unter: https://inifes.de/_docs/arbeitspapier_erzieherinnen_24112008.pdf. Letzter Zugriff: 14.06.20.

Gebele, N. (2009): Arbeit und Gesundheit: Zur objektiven Erfassung von Tätigkeitsmerkmalen nach dem Job Demand-Control Modell. Dissertation. Fachbereich Psychologie der Philipps-Universität Marburg. Im Internet unter: https://archiv.ub.uni-marburg.de/diss/z2010/0089. Letzter Zugriff: 09.04.2020.

KitaG Niedersachen: Gesetz über Tageseinrichtungen für Kinder Niedersachsen. In der Fassung vom 07.02.2002. Im Internet unter: http://www.nds-voris.de/jportal/?quelle=jlink&query=KiTaG+ND&psml=bsvorisprod.psml&max=true&aiz=true#jlr-KiTaGNDV12P2. Letzter Zugriff: 04.06.2020.

Haan, N. (1977): Coping and Defending. Processes of Self-Environment Organisation. New York: Academic Press.

Hausen, A. (2017): Gesundheitsmanagement. Studienbrief der SRH Fernhochschule Riedlingen. Riedlingen: Ohne Verlag, 3. Auflage.

Hehlmann, T./Schmidt-Semisch, H./Schorb, F. (2018): Soziologie der Gesundheit. München, UKV Verlag.

Hering, T. (2008): Organisationsprofile und Gesundheit im bundesdeutschen Rettungsdienst: Die Bedeutung von Anforderungen und Ressourcen der Arbeit für Engagement, Commitment, Burnout und Wohlbefinden bei Einsatzkräften im Rettungsdienst. Freie Universität Berlin. Fachbereich Erziehungswissenschaft und Psychologie. Dissertation. Im Internet unter: https://refubium.fu-berlin.de/handle/fub188/5866. Letzter Zugriff: 09.04.2020.

Holzberg, G. (2013): Medikamentenabhängigkeit und Arbeit. In: Badura, B. et al (Hrsg.) Fehlzeiten-Report 2013. Verdammt zum Erfolg – die süchtige Arbeitsgesellschaft? Berlin und Heidelberg: Springer Verlag, S. 75–82.

Hurrelmann, K/Klatz, T./Haisch, J. (Hrsg.): (2010): Prävention und Gesundheitsförderung. Bern: 3. Auflage, Huber.

Jungbauer, J. (2013): Berufsbezogene Stressbelastungen und Burnout-Risiko bei Erzieherinnen und Erziehern. Im Internet unter: https://www.katho-nrw.de/fileadmin/primaryMnt/Aachen/Dateien/Forschung/igsp/Abschlussbericht_Erzieherinnenstudie.pdf. Letzter Zugriff: 15.06.2020.

Kaluza, G. (2015): Stressbewältigung. Trainingsmanual zur psychologischen Gesundheitsförderung. Berlin: 3. vollständig überarbeitete Auflage, Springer Verlag.

Karasek, R. A. (1979): Job demands, job decision latitude and mental strain: implications for job redesign. Administrative Science Quarterly, 24, S. 285–308.

Karasek, R. A./Theorell, t. (1990): Healhy work, stress, productivity, and the reconstruction of working life. New York, Basic Book.

Kaschka, W./Korczak, D./Broich, K. (2011): Modediagnose Burn-out. Im Internet unter: https://www.aerzteblatt.de/archiv/113220/Modediagnose-Burn-out: Letzter Zugriff: 06.04.20.

Kivimäki, M./Virtanen, M./ Elovainio, M./ Kouvonen, A./ Väänänen, A./ Vahtera, J. (2006): Work stress in the etiology of coronary heart disease – a meta-analysis. Scandinavian Journal of Work, Environment & Health, 32, 6, S. 431–442.

Klemperer, D. (2014): Sozialmedizin – Publi Health – Gesundheitswissenschaften. Bern: 3. überarbeitete Auflage, Huber Verlag.

Knecht, T. (2011): Das Stressmodell von Richard Lazarus. Norderstedt: Grin Verlag.

Korczak, D./Kister, C./Huber, B. (2010): Differenzialdiagnostik des Burnout-Sndroms. In: Deutsches Institut für Medizinische Dokumentation und Information (DIMDI), Köln (Hrsg.) HTA-Bericht. Im Internet unter: https://portal.dimdi.de/de/hta/hta_berichte/hta278_bericht_de.pdf. Letzter Zugriff: 06.04.20.

Koch, S./Lehr, D./Hillert, A. (2015): Burnout und chronischer beruflicher Stress. Göttingen: Hogrefe Verlag.

Krampitz, J. (2015): Führungskräfte – Einfluss des betrieblichen Status auf die Gesundheit. In: Badura, B. (Hrsg.): Fehlzeiten-Report 2015. Neue Wege für mehr Gesundheit – Qualitätsstandards für ein zielgruppenspezifisches Gesundheitsmanagement. Berlin und Heidelberg: Springer Verlag, S. 165–183.

Kröger, C./Finger, F./Wunsch, E.M. (2014): Effektivität und Effizienz arbeitsbezogener Psychotherapie. In: Badura, B. (Hrsg.): Fehlzeiten-Report 2014. Erfolgreiche Unternehmen von morgen – gesunde Zukunft heute gestalten. Berlin und Heidelberg: Springer Verlag, S. 289–295.

Kudielka, B. M./Wüst, S. (2010): Grundlagen und Modelle der psychobiologischen Stressforschung. In: Beckmann, J/Wippert, P. (Hrsg.): Stress- und Schmerzursachen verstehen: Gesundheitspsychologie und -soziologie in Prävention und Rehabilitation. Stuttgart: Thieme Verlag, S. 105–112.

Lazarus, R. S. (1999): Stress and Emotion. New York: Springer Verlag.

Lazarus, R./Launier, R. (1981): Stressbezogene Transaktion zwischen Person und Umwelt. In: Nitsch, J. (Hrsg.): Stress: Theorien. Untersuchungen. Maßnahmen. Bern, Stuttgart, Wien: Hogrefe Verlag, S. 213–259.

Lazarus, R. S. (1995): Streß und Streßbewältigung – ein Paradigma. In: Filipp, S. H. (Hrsg.): Kritische Lebensereignisse. Weinheim, München, Beltz: 3. Aufl., S. 199–232.

Lehr, D. (2007): Affektive Störungen bei Lehrerinnen und Lehrern. Im Internet unter: http://archiv.ub.uni-marburg.de/diss/z2008/0084/pdf/ddl.pdf?q=lehrern. Letzter Zugriff:19.04.2020.

Luhmann, N. (1993): Soziale Systeme. Frankfurt a. M.: 4. Aufl., Suhrkamp.

Luhmann, N. (2005): Soziologische Aufklärung 5. Konstruktivistische Perspektiven. Wiesbaden: VS Verlag.

MA&T Organisationsentwicklung GmbH (o. J.): Zu finden unter: https://www.perwiss.de/betriebliches-gesundheitsmanagement.html. Letzter Zugriff: 21.04.2020.

Maslach, C./Leiter, M. P. (2001): Die Wahrheit über Burnout. Wien: Springer Verlag.

Maslach, C et col. (2006). Burn-out: l'épuisement professionnel. Presses du Belvédère.

McKeown, Th. (1982): Die Bedeutung der Medizin. Traum, Trugbilde und Nemesis. Frankfurt a. M.: Suhrkamp.

Miebach, B. (2010): Soziologische Handlungstheorie. 3. überarbeitete Auflage. Wiesbaden: VS Verlag.

Myers, D.G. (2014): Psychologie. 3. vollständig überarbeitete Auflage. Berlin, Heidelberg: Springer Verlag.

Nerdinger, F.W./Blickle, G./Schaper, N. (2019): Arbeits- und Organisationspsychologie. 4. vollständig überarbeitete Auflage. Heidelberg: Springer Verlag.

Niedersächsisches Kultusministerium (Hrsg.) (2012): Orientierungsplan für Bildung und Erziehung. Im Internet unter: https://www.mk.niedersachsen.de/startseite/fruhkindliche_bildung/orientierungsplan/orientierungsplan-fuer-bildung-und-erziehung-86998.html. Letzter Zugriff: 04.03.2020.

Neubach, B./Schmidt, K.-H. (2000): Gütekriterien einer deutschen Fassung des Maslach Burnout Inventory (MBI-D) – Eine Replikationsstudie bei Altenpflegekräften Zeitschrift für Arbeits- und Organisationspsychologie A&O (2000), 44, S. 140–144. Im Internet unter: https://doi.org/10.1026//0932-4089.44.3.140. Letzter Zugriff: 30.06.20.

Oppolzer, A. (2005): Betriebliche Gesundheitspolitik und betriebliches Gesundheitsmanagement. In: Zeitschrift für Sozialreform, Jg. 51, H. Sonderheft, 2005, S. 57–71.

Preckel, D./Meinel, M./ Kudielka, B. M./ Haug, H. J./ Fischer, J. E. (2007): Effort-reward-imbalance, overcommitment and self-reported health: Is it the interaction that matters? Journal of Occupational and Organizational Psychology, 80, S. 91–107

Rau, R. (2015): iga.Report 31: Risikobereiche für psychische Belastungen Im Internet unter: https://www.iga-info.de/fileadmin/redakteur/Veroeffentlichungen/iga_Reporte/Dokumente/iga-Report_31_Risikobereiche_fuer_psychische_Belastungen.pdf. Letzter Zugriff: 06.04.2020.

Richter, P./Buruck, G./Nebel, C./Wolf, S. (2011): Arbeit und Gesundheit – Risiken, Ressourcen und Gestaltung. In: Bamberg, E./Ducki, A./Metz, A.-M. (Hrsg.): Gesundheitsförderung und Gesundheitsmanagement in der Arbeitswelt. Ein Handbuch. Göttingen: Hogrefe, S. 23–60.

Richter, P./Hacker, W. (2017): Belastung und Beanspruchung. Kröning: 5. Aufl., Asanger.

Rigotti, T./Mohr, G. (2011): Gesundheit und Krankheit in der neuen Arbeitswelt. In: Bamberg, E./Ducki, A./Metz, A.-M. (Hrsg.): Gesundheitsförderung und Gesundheitsmanagement in der Arbeitswelt. Göttingen, Bern, Wien: Hogrefe, S. 83–108.

Rimann, M./Benisch, M./ Udris, I. (2017): Salutogenetische Subjektive Arbeitsanalyse. Manual. Zürich, Wien: Prieler Tometich Verlag.

Rudow, B. (2017): Beruf Erzieherin/Erzieher – mehr als Spielen und Basteln. Münster, New York: Waxmann.

Rudow, B (2005): Belastungen und der Arbeits- und Gesundheitsschutz bei Erzieherinnen in Sachsen-Anhalt. Im Internet unter: https://www.ukst.de/download/179/projektbericht.pdf. Letzter Zugriff: 15.06.2020.

Rudow, B. (2004): Belastungen und der Arbeits- und Gesundheitsschutz bei Erzieherinnen. Im Internet unter: https://www.gew.de/index.php?eID=dumpFile&t=f&f=20670&tken=b0e3874f6b9502f6aa424eab95b14628ec1aa43c&sdownload=&n=Belastungen_und_der_Arbeits-_und_Gesundheitsschutz_bei_Erzieherinnen.pdf. Letzter Zugriff: 15.06.2020.

Staatsinstitut für Frühpädagogik (2014): Aqua: Arbeitsplatz und Arbeitsqualität in Kitas. Im Internet unter: http://www.aqua-studie.de/Dokumente/AQUA_Endbericht.pdf. Letzter Zugriff: 15.06.2020.

Sächsisches Staatsministerium für Kultus und Sport (Hrsg.) (2009): Erzieherinnengesundheit. Im Internet unter: https://www.google.com/search?q=S%C3%A4chsisches+Staatsministerium+f%C3%BCr+Kultus+und+Sport+(Hrsg.)+(2009)%3A+Erzieherinnengesundheit.&oq=S%C3%A4chsisches+Staatsministerium+f%C3%BCr+Kultus+und+Sport+(Hrsg.)+(2009)%3A+Erzieherinnengesundheit.&aqs=chrome.0.69i59.2340j0j8&sourceid=chrome&ie=UTF-8. Letzter Zugriff: 30.05.2020.

Schaufeli, W.B./Bakker, A.B. (2004): Job demands, job resources, and their relationship with burnout and engagement: A multi-sample study. Journal of Organizational Behavior, 25, S. 293–315.

Schermann, U. (2015): Stress und Burnout in Organisationen. Berlin, Heidelberg: Springer Verlag.

Schirmer, S. (2015): Validierung der „Overcommitmentskala" des Modells beruflicher Gratifikationskrisen. Im Internet unter: https://archiv.ub.uni-marburg.de/diss/z2015/0165/. Letzter Zugriff: 19.04.2020.

Schneider, C. (2011): Gesundheitsförderung am Arbeitsplatz. Nebenwirkung Gesundheit. Bern: Huber Verlag.

Schüpbach, S./Krause, A. (2009): Arbeit und Arbeitslosigkeit, Mitarbeiterzufriedenheit und Burnout. In: Bengel, J./Jerusalem, H. (Hrsg.): Handbuch der Gesundheitspsychologie. Göttingen, Bern, Wien: Hogrefe Verlag, S. 485–518.

Schütz, A. (1971): Gesammelte Aufsätze. Bd. 1 – Das Problem der sozialen Wirklichkeit. Den Haag: Nijhoff.

Schuler, H. (Hrsg.) (2007): Handbuch der Arbeits- und Organisationspsychologie. Göttingen: Bd. 6, Hogrefe Verlag.

Schwarzer, R. (2004): Psychologie des Gesundheitsverhaltens. Einführung in die Gesundheitspsychologie. Göttingen: 3. Aufl., Hogrefe Verlag.

Siegrist, J. (1996a): Adverse health effects of high-effort/low reward conditions. Journal of Occupational Health Psychology, 1, S. 27–41.

Siegrist, J. (1996b): Soziale Krisen und Gesundheit. Göttingen: Hogrefe Verlag.

Siegrist, J. (2002): Effort-reward imbalance at work and health. In P. Perrewe & D. Ganster (Eds.). Research in occupational stress and well beeing, Volumen 2: Historical and current perspectives on stress and health (261–291). New York, JAI Elsevier.

Siegrist, J./ Starke, D./ Chandola, T./ Godin, I./ Marmot, M./ Niedhammer, I./ Peter, R. (2004): The measurement of effort-reward imbalance at work: European comparisons. Social Science and Medicine, 58, S. 1483–1499.

Siegrist, J./ Rödel, A. (2006): Work stress and health risk behaviour. Scandinavian Journal of Work, Environmental & Health. 32, 6, S. 473–481.

Siegrist, J./Dragano, N. (2008): Psychosoziale Belastungen und Erkrankungsrisiken im Erkrankungsrisiken im Erwerbsleben: Befunde aus internationalen Studien zum Anforderungs-Kontroll-Modell und zum Modell beruflicher Gratifikationskrisen. Bundesgesundheitsblatt – Gesundheitsforschung – Gesundheitsschutz, 51, S. 305–312.

Siegrist, J./Wege, N./ Pühlhofer, F./Wahrendorf, M. (2009): A short generic measure of work stress in the era of globalization: Effort-reward imbalance. International Archives of Occupational and Environmental Health, 82, S. 1005–1013.

Semmer, N.//Udris, I. (2007): Bedeutung und Wirkung von Arbeit. In: Schuller, H. (Hrsg.): Lehrbuch der Organisationspsychologie. Bern: 4. aktualisierte Aufl., Huber, S. 157–195.

Soeffner, H.-G. (2000): Sozialwissenschaftliche Hermeneutik. In: Flick, U./v. Kardorff, E./ Steinke, H. (Hrsg.): Qualitative Forschung. Ein Handbuch. Reinbek bei Hamburg: Rowohlt.

Städteverbund Schweiz: Der «Maslach Burnout Inventory»-Test. Im Internet unter: https://staedteverband.ch/cmsfiles/test_de_maslach_(burnout)_-_d.pdf. Letzter Zugriff: 30.06.2020.

Stansfeld, S./Candy, B. (2006): Psychosocial work environment and mental health- a meta-analytic review. Scandinavian Journal of Work, Environment & Health, 32, S. 443–462.

Themann, D. (2008): Sucht-"karrieren". Gegen Drogenmythen und Suchtklichees. Konsumenten berichten. Marburg: Tectum.

Titscher, S./Meyer, M./Mayrhofer, W. (2008): Organisationsanalyse. Wien: Facultas.

Tsutsumi, A/ Kawakami, N. (2004): A review of empirical studies on the model of effort-reward imbalance at work: Reducing occupational stress by implementing a new theory. Social Science and Medicine, 59, S. 2335–2359.

Uhle, T./Treier, M. (2019): Betriebliches Gesundheitsmanagement. 4. vollständig überarbeitete Aufl. Wiesbaden: Springer Verlag.

Ulich, E./Wülser, M. (2005): Gesundheitsmanagement in Unternehmen. 2. Aufl. Wiesbaden: BVG.

Van Vegchel, N./ de Jonge, J., Bosma, H./ Schaufeli, W. (2005): Reviewing the effort-reward imbalance: Drawing up the balance of 45 empirical studies. Social Science & Medicine, 60, S. 1117–1131.

Literaturverzeichnis

Wolff, S. (2000): Wege ins Feld und ihre Varianten. In: Flick, U./v. Kardorff, E/ Steinke, H. (Hrsg.): Qualitative Forschung. Ein Handbuch. Reinbek bei Hamburg: Rowohlt.

Anhang

Auswertungen der Einzelskalen der SALSA

Anforderungen				
fast immer -------------- -- trifft völlig zu	oft -------------- -- trifft eher zu	manchmal -------------- teils- teils	selten -------------- --- trifft eher nicht zu	fast nie -------------- -- trifft überhaupt nicht zu
1	2	3	4	5
1.00 – 1.80	1.81 – 2.60	2.61 – 3.40	3.41 – 4.20	4.21 – 5.00
eher starke Ausprägung		mittlere Ausprägung	eher schwache Ausprägung	
0	0	4	35	40

Belastungen				
fast immer -------------- -- trifft völlig zu	oft -------------- -- trifft eher zu	manchmal -------------- teils- teils	selten -------------- --- trifft eher nicht zu	fast nie -------------- -- trifft überhaupt nicht zu
1	2	3	4	5
1.00 – 1.80	1.81 – 2.60	2.61 – 3.40	3.41 – 4.20	4.21 – 5.00
eher starke Ausprägung		mittlere Ausprägung	eher schwache Ausprägung	
0	3	31	34	11

Belastungen durch äußere Tätigkeitsbedingungen				
fast immer -------------- -- trifft völlig zu	oft -------------- -- trifft eher zu	manchmal -------------- teils- teils	selten -------------- --- trifft eher nicht zu	fast nie -------------- -- trifft überhaupt nicht zu
1	2	3	4	5
1.00 – 1.80	1.81 – 2.60	2.61 – 3.40	3.41 – 4.20	4.21 – 5.00

Anhang

eher starke Ausprägung		mittlere Ausprägung	eher schwache Ausprägung	
0	1	31	38	9

organisationale Ressourcen					
fast immer ――――― ―― trifft völlig zu	oft ――――― -- trifft eher zu	manchmal ――――― teils- teils	selten ――――― --- trifft eher nicht zu		fast nie ――――― -- trifft überhaupt nicht zu
1	2	3	4		5
1.00 – 1.80	1.81 – 2.60	2.61 – 3.40	3.41 – 4.20		4.21 – 5.00
eher starke Ausprägung		mittlere Ausprägung	eher schwache Ausprägung		
0	1	38	34		6

organisationale Ressourcen					
fast immer ――――― ―― trifft völlig zu	oft ――――― -- trifft eher zu	manchmal ――――― teils- teils	selten ――――― --- trifft eher nicht zu		fast nie ――――― -- trifft überhaupt nicht zu
1	2	3	4		5
1.00 – 1.80	1.81 – 2.60	2.61 – 3.40	3.41 – 4.20		4.21 – 5.00
eher starke Ausprägung		mittlere Ausprägung	eher schwache Ausprägung		
0	1	38	34		6

soziale Ressourcen					
fast immer ――――― ―― trifft völlig zu	oft ――――― -- trifft eher zu	manchmal ――――― teils- teils	selten ――――― --- trifft eher nicht zu		fast nie ――――― -- trifft überhaupt nicht zu
1	2	3	4		5
1.00 – 1.80	1.81 – 2.60	2.61 – 3.40	3.41 – 4.20		4.21 – 5.00
eher starke Ausprägung		mittlere Ausprägung	eher schwache Ausprägung		
0	0	17	26		36

Tabelle 16 Auswertung SALSA

Quelle: eigene Darstellung

Auswertungen der Einzelskalen der SALSA

Ganzheitlichkeit der Aufgaben					
fast immer ---------------- trifft völlig zu	oft -------------- trifft eher zu	manchmal -------------- teils- teils	selten ------------------- trifft eher nicht zu	fast nie -------------------------- trifft überhaupt nicht zu	
1	2	3	4	5	
1.00 – 1.80	1.81 – 2.60	2.61 – 3.40	3.41 – 4.20	4.21 – 5.00	
eher starke Ausprägung		mittlere Ausprägung	eher schwache Ausprägung		
1	1	22	33	22	

Qualifikationsanforderungen und Verantwortung				
fast immer ---------------- trifft völlig zu	oft -------------- trifft eher zu	manchmal -------------- teils- teils	selten ------------------- trifft eher nicht zu	fast nie -------------------------- trifft überhaupt nicht zu
1	2	3	4	5
1.00 – 1.80	1.81 – 2.60	2.61 – 3.40	3.41 – 4.20	4.21 – 5.00
eher starke Ausprägung		mittlere Ausprägung	eher schwache Ausprägung	
0	0	0	17	62

Tabelle 17 Anforderungen
Quelle: eigene Darstellung

Überforderung durch die Arbeitsaufgaben					
fast immer --------------- trifft völlig zu	oft ------------- --- trifft eher zu	manchmal -------------- teils- teils	selten ---------------------- - trifft eher nicht zu	fast nie ------------------------------ - trifft überhaupt nicht zu	
1	2	3	4	5	
1.00 – 1.80	1.81 – 2.60	2.61 – 3.40	3.41 – 4.20	4.21 – 5.00	
eher starke Ausprägung		mittlere Ausprägung	eher schwache Ausprägung		
0	7	32	30	10	

Anhang

Quantitative Überforderung durch die Arbeitsaufgaben					
fast immer --- trifft völlig zu	oft --- trifft eher zu	manchmal --- teils-teils	selten --- trifft eher nicht zu	fast nie --- trifft überhaupt nicht zu	
1	2	3	4	5	
1.00 – 1.80	1.81 – 2.60	2.61 – 3.40	3.41 – 4.20	4.21 – 5.00	
eher starke Ausprägung		mittlere Ausprägung	eher schwache Ausprägung		
1	10	45	18	5	

Qualitative Überforderung durch die Arbeitsaufgaben					
fast immer --- trifft völlig zu	oft --- trifft eher zu	manchmal --- teils-teils	selten --- trifft eher nicht zu	fast nie --- trifft überhaupt nicht zu	
1	2	3	4	5	
1.00 – 1.80	1.81 – 2.60	2.61 – 3.40	3.41 – 4.20	4.21 – 5.00	
eher starke Ausprägung		mittlere Ausprägung	eher schwache Ausprägung		
0	3	27	32	17	

Unterforderung durch die Arbeitsaufgaben (qualitativ)					
fast immer --- trifft völlig zu	oft --- trifft eher zu	manchmal --- teils-teils	selten --- trifft eher nicht zu	fast nie --- trifft überhaupt nicht zu	
1	2	3	4	5	
1.00 – 1.80	1.81 – 2.60	2.61 – 3.40	3.41 – 4.20	4.21 – 5.00	
eher starke Ausprägung		mittlere Ausprägung	eher schwache Ausprägung		
1	5	26	31	16	

Belastendes Sozialklima (Kolleg/innen/en)					
fast immer --- trifft völlig zu	oft --- trifft eher zu	manchmal --- teils-teils	selten --- trifft eher nicht zu	fast nie --- trifft überhaupt nicht zu	
1	2	3	4	5	
1.00 – 1.80	1.81 – 2.60	2.61 – 3.40	3.41 – 4.20	4.21 – 5.00	

Auswertungen der Einzelskalen der SALSA

eher starke Ausprägung		mittlere Ausprägung	eher schwache Ausprägung	
3	8	26	26	16

Belastendes Vorgesetztenverhalten					
fast immer --------------- -- trifft völlig zu	oft ------------ --- trifft eher zu	manchmal -------------- teils- teils	selten ---------------------- - trifft eher nicht zu	fast nie --------------------------- - trifft überhaupt nicht zu	
1	2	3	4	5	
1.00 – 1.80	1.81 – 2.60	2.61 – 3.40	3.41 – 4.20	4.21 – 5.00	
eher starke Ausprägung		mittlere Ausprägung	eher schwache Ausprägung		
4	4	15	21	35	

Tabelle 18 Belastungen
Quelle: eigene Darstellung

Aufgabenvielfalt					
fast immer --------------- -- trifft völlig zu	oft ------------ - trifft eher zu	manchmal -------------- teils- teils	selten ------------------- --- trifft eher nicht zu	fast nie ------------------------ ----- trifft überhaupt nicht zu	
1	2	3	4	5	
1.00 – 1.80	1.81 – 2.60	2.61 – 3.40	3.41 – 4.20	4.21 – 5.00	
eher starke Ausprägung		mittlere Ausprägung	eher schwache Ausprägung		
1	2	21	30	25	

Qualifizierungsmöglichkeiten durch die Arbeitstätigkeit					
fast immer --------------- -- trifft völlig zu	oft ------------ - trifft eher zu	manchmal -------------- teils- teils	selten ------------------- --- trifft eher nicht zu	fast nie ------------------------ ----- trifft überhaupt nicht zu	
1	2	3	4	5	
1.00 – 1.80	1.81 – 2.60	2.61 – 3.40	3.41 – 4.20	4.21 – 5.00	
eher starke Ausprägung		mittlere Ausprägung	eher schwache Ausprägung		
0	4	20	32	23	

Anhang

Tätigkeitsspielraum					
fast immer	oft	manchmal	selten	fast nie	
trifft völlig zu	trifft eher zu	teils- teils	trifft eher nicht zu	trifft überhaupt nicht zu	
1	2	3	4	5	
1.00 – 1.80	1.81 – 2.60	2.61 – 3.40	3.41 – 4.20	4.21 – 5.00	
eher starke Ausprägung		mittlere Ausprägung	eher schwache Ausprägung		
0	3	42	26	8	

Partizipationsmöglichkeiten					
fast immer	oft	manchmal	selten	fast nie	
trifft völlig zu	trifft eher zu	teils- teils	trifft eher nicht zu	trifft überhaupt nicht zu	
1	2	3	4	5	
1.00 – 1.80	1.81 – 2.60	2.61 – 3.40	3.41 – 4.20	4.21 – 5.00	
eher starke Ausprägung		mittlere Ausprägung	eher schwache Ausprägung		
0	7	32	30	10	

Persönliche Gestaltungsmöglichkeiten des Arbeitsplatzes					
fast immer	oft	manchmal	selten	fast nie	
trifft völlig zu	trifft eher zu	teils- teils	trifft eher nicht zu	trifft überhaupt nicht zu	
1	2	3	4	5	
1.00 – 1.80	1.81 – 2.60	2.61 – 3.40	3.41 – 4.20	4.21 – 5.00	
eher starke Ausprägung		mittlere Ausprägung	eher schwache Ausprägung		
3	5	29	27	15	

Spielraum für persönliche bzw. private Dinge am Arbeitsplatz					
fast immer	oft	manchmal	selten	fast nie	
trifft völlig zu	trifft eher zu	teils- teils	trifft eher nicht zu	trifft überhaupt nicht zu	
1	2	3	4	5	
1.00 – 1.80	1.81 – 2.60	2.61 – 3.40	3.41 – 4.20	4.21 – 5.00	

Auswertungen der Einzelskalen der SALSA

eher starke Ausprägung		mittlere Ausprägung	eher schwache Ausprägung	
5	26	31	13	2

Tabelle 19 Organisationale Ressourcen
Quelle: eigene Darstellung

Positives Sozialklima					
fast immer --------------- trifft völlig zu	oft --------------- - trifft eher zu	manchmal --------------- teils- teils	selten --------------- - trifft eher nicht zu	fast nie --------------- trifft überhaupt nicht zu	
1	2	3	4	5	
1.00 – 1.80	1.81 – 2.60	2.61 – 3.40	3.41 – 4.20	4.21 – 5.00	
eher starke Ausprägung		mittlere Ausprägung	eher schwache Ausprägung		
0	1	16	27	35	

Mitarbeiterorientiertes Vorgesetztenverhalten					
fast immer --------------- trifft völlig zu	oft --------------- - trifft eher zu	manchmal --------------- teils- teils	selten --------------- - trifft eher nicht zu	fast nie --------------- trifft überhaupt nicht zu	
1	2	3	4	5	
1.00 – 1.80	1.81 – 2.60	2.61 – 3.40	3.41 – 4.20	4.21 – 5.00	
eher starke Ausprägung		mittlere Ausprägung	eher schwache Ausprägung		
2	7	24	29	17	

Soziale Unterstützung durch Vorgesetzte					
fast immer --------------- trifft völlig zu	oft --------------- - trifft eher zu	manchmal --------------- teils- teils	selten --------------- - trifft eher nicht zu	fast nie --------------- trifft überhaupt nicht zu	
1	2	3	4	5	
1.00 – 1.80	1.81 – 2.60	2.61 – 3.40	3.41 – 4.20	4.21 – 5.00	
eher starke Ausprägung		mittlere Ausprägung	eher schwache Ausprägung		
1	7	14	17	40	

Anhang

Soziale Unterstützung durch Kolleg/innen/en					
fast immer --------------- --- trifft völlig zu	oft -------------- - trifft eher zu	manchmal -------------- teils- teils	selten --------------------- - trifft eher nicht zu	fast nie --------------------------- --- trifft überhaupt nicht zu	
1	2	3	4	5	
1.00 – 1.80	1.81 – 2.60	2.61 – 3.40	3.41 – 4.20	4.21 – 5.00	
eher starke Ausprägung		mittlere Ausprägung	eher schwache Ausprägung		
0	1	14	25	39	

Tabelle 20 Soziale Ressourcen
Quelle: eigene Darstellung

B46 bis B55R und Z5R bis Z7R					
fast immer --------------- --- trifft völlig zu	oft -------------- - trifft eher zu	manchmal -------------- teils- teils	selten --------------------- -- trifft eher nicht zu	fast nie --------------------------- ---- trifft überhaupt nicht zu	
1	2	3	4	5	
1.00 – 1.80	1.81 – 2.60	2.61 – 3.40	3.41 – 4.20	4.21 – 5.00	
eher starke Ausprägung		mittlere Ausprägung	eher schwache Ausprägung		
0	1	31	38	9	

B46R bis B55R					
fast immer --------------- --- trifft völlig zu	oft -------------- - trifft eher zu	manchmal -------------- teils- teils	selten --------------------- -- trifft eher nicht zu	fast nie --------------------------- ---- trifft überhaupt nicht zu	
1	2	3	4	5	
1.00 – 1.80	1.81 – 2.60	2.61 – 3.40	3.41 – 4.20	4.21 – 5.00	
eher starke Ausprägung		mittlere Ausprägung	eher schwache Ausprägung		
1	1	23	41	13	

Z5R bis Z7R					
fast immer --------- trifft völlig zu	oft --------------- - trifft eher zu	manchmal --------------- teils- teils	selten -------------------- -- trifft eher nicht zu	fast nie ------------------------- ---- trifft überhaupt nicht zu	
1	2	3	4	5	
1.00 – 1.80	1.81 – 2.60	2.61 – 3.40	3.41 – 4.20	4.21 – 5.00	
eher starke Ausprägung		mittlere Ausprägung	eher schwache Ausprägung		
3	8	37	18	13	

Tabelle 21 Belastungen durch äußere Tätigkeiten
Quelle: eigene Darstellung

Fragebogen SALSA Häufigkeiten

Nr.	Belastungen	Überforderung d.die Arbeitsaufgaben	Rang	Quantitative Überforderung d. die Arbeitsaufgaben	Rang	Qualitative Überforderung d. die Arbeitsaufgaben	Rang	Unterforderung d.die Arbeitsaufgaben (qualitativ)	Rang	Belastendes Sozialklima (Kolleg/innen)	Rang	Belasten des Vorgesetztenverhalten	Rang
1	Mittelwert	3,67	4	3,33	3	4,00	4	5,00	5	3,67	4	5,00	5
2		3,33	3	3,00	3	3,67	4	2,67	3	2,33	2	2,33	2
3		3,00	3		1	3,00	3		1		1		1
4		3,50	4	3,00	3	4,00	4	4,33	5	3,00	3	3,67	4
5		3,17	3	3,00	3	3,00	3	4,00	4	4,33	5	4,67	5
6		3,67	4	3,33	3	4,00	4	3,33	3	3,33	3	4,67	5
7		4,40	5	4,00	4	4,67	5	4,00	4	4,00	4	4,00	4
8		2,75	3	2,00	2	3,50	4	3,00	3	3,00	3	5,00	5

Anhang

Nr.	Belastungen	Überforderung d. die Arbeitsaufgaben	Rang	Quantitative Überforderung d. die Arbeitsaufgaben	Rang	Qualitative Überforderung d. die Arbeitsaufgaben	Rang	Unterforderung d.die Arbeitsaufgaben	Rang	Belastendes Sozialklima (Kolleg/innen)	Rang	Belasten des Vorgesetztenverhalten	Rang
9		2,75	3	3,00	3	3,00	3	4,00	4	4,00	4	4,00	4
10		4,00	4	3,50	4	4,33	5	4,50	5	4,00	4	4,00	4
11		3,33	3	3,33	3	3,33	3	3,67	4	3,67	4	3,33	3
12		4,67	5	4,33	5	5,00	5	3,67	4	4,67	5	5,00	5
13		4,33	5	4,00	4	4,67	5	4,67	5	3,67	4	4,00	4
14		3,60	4	3,00	3	4,00	4	3,00	3	4,00	4	5,00	5
15		3,50	4	3,33	3	3,67	4	4,00	4	3,00	3	3,67	4
16		3,60	4	3,50	4	3,67	4	3,00	3	3,00	3	3,00	3
17		3,50	4	3,33	3	3,67	4	3,67	4	4,33	5	3,67	4
18		4,25	5	4,00	4	4,50	5	5,00	5	3,00	3	5,00	5
19		3,17	3	3,33	3	3,00	3	3,00	3	2,67	3	4,00	4
20		3,50	4	3,33	3	3,67	4	2,67	3	3,00	3	4,00	4
21		3,50	4	3,33	3	3,67	4	2,67	3	3,00	3	4,00	4
22		4,00	4	3,00	3	5,00	5	4,33	5	4,67	5	4,67	5
23		3,83	4	3,67	4	4,00	4	4,00	4	4,00	4	5,00	5
24		3,60	4	3,00	3	4,00	4	4,00	4	2,50	2	3,00	3
25		3,50	4	4,00	4	3,50	4	3,00	3	4,00	4	5,00	5
26		2,33	2	2,67	3	2,00	2	3,67	4	3,33	3	4,33	5
27		3,67	4	4,00	4	3,50	4	2,00	2	3,00	3	3,00	3
28		3,33	3	2,67	3	4,00	4	4,00	4	4,00	4	3,67	4
29		2,50	2	2,33	2	2,67	3	3,67	4	3,67	4	4,00	4
30		4,67	5	4,67	5	4,67	5	4,67	5	5,00	5	5,00	5
31		3,00	3	3,00	3	3,00	3	4,00	4	3,33	3	4,00	4

Nr.	Belastungen	Rang	Überforderung d. die Arbeitsaufgaben	Rang	Quantitative Überforderung d. die Arbeitsaufgaben	Rang	Qualitative Überforderung d. die Arbeitsaufgaben	Rang	Unterforderung d.die Arbeitsaufgaben (qualitativ)	Rang	Belastendes Sozialklima (Kolleg/innen)	Rang	Belasten des Vorgesetztenverhalten	Rang
32			3,00	3	3,00	3	3,00	3	3,33	3	3,67	4	3,67	4
33			3,33	3	3,00	3	3,67	4	3,00	3	3,33	3	4,00	4
34			3,00	3	3,00	3	3,50	4	4,00	4	3,50	4	5,00	5
35			4,60	5	4,50	5	4,67	5	5,00	5	4,50	5	5,00	5
36			4,17	4	4,00	4	4,33	5	2,00	2	5,00	5	5,00	5
37			3,00	3	3,00	3	3,00	3	4,67	5	4,00	4	5,00	5
38			2,67	3	2,00	2	3,33	3	3,33	3	3,67	4	3,67	4
39			2,50	2	2,00	2	3,00	3	4,00	4	2,00	2	2,00	2
40			3,60	4	3,00	3	4,00	4	3,00	3	1,50	1	2,50	2
41			2,60	2	2,00	2	3,00	3	2,50	2	2,00	2	1,50	1
42			3,67	4	3,67	4	3,67	4	4,00	4	3,00	3	2,67	3
43			3,25	3	2,00	2	4,50	5	3,00	3	3,00	3	3,00	3
44			3,83	4	3,67	4	4,00	4	2,67	3	2,67	3	2,67	3
45			3,33	3	3,33	3	3,33	3	3,00	3	3,00	3	3,33	3
46			3,00	3	2,67	3	3,33	3	2,67	3	3,33	3	1,67	1
47			2,50	2	2,33	2	2,67	3	3,33	3	2,67	3	3,00	3
48			3,25	3	3,00	3	3,50	4	3,00	3	4,00	4	3,00	3
49			3,00	3	3,00	3	3,50	4	4,00	4	3,00	3	3,00	3
50			4,40	5	4,00	4	4,67	5	3,50	4	4,50	5	5,00	5
51			3,20	3	3,00	3	3,33	3	2,67	3	4,00	4	3,67	4
52			3,33	3	3,00	3	3,67	4	3,33	3	4,00	4	4,67	5
53			4,00	4	4,00	4	4,00	4	3,00	3	3,50	4	5,00	5
54			3,50	4	3,33	3	3,67	4	4,00	4	4,33	5	5,00	5

Anhang

Nr.	Belastungen	Überforderung d.die Arbeitsaufgaben	Rang	Quantitative Überforderung d. die Arbeitsaufgaben	Rang	Qualitative Überforderung d. die Arbeitsaufgaben	Rang	Unterforderung d.die Arbeitsaufgaben (qualitativ)	Rang	Belastendes Sozialklima (Kolleg/innen)	Rang	Belasten des Vorgesetztenverhalten	Rang
55		3,17	3	2,67	3	3,67	4	3,67	4	4,00	4	4,00	4
56		4,50	5	4,33	5	4,67	5	3,67	4	5,00	5	5,00	5
57		4,00	4	4,00	4	3,50	4	3,00	3	5,00	5	5,00	5
58		3,33	3	3,33	3	3,33	3	4,00	4	3,00	3	5,00	5
59		4,00	4	3,00	3	5,00	5	5,00	5	3,00	3	5,00	5
60		2,80	3	2,50	2	3,00	3	3,50	4	3,00	3	5,00	5
61		2,50	2	4,00	4	2,00	2	5,00	5	1,00	1	5,00	5
62		3,83	4	3,33	3	4,33	5	4,67	5	5,00	5	5,00	5
63		2,83	3	2,33	2	3,33	3	4,00	4	3,67	4	4,33	5
64		3,50	4	3,67	4	3,33	3	3,33	3	4,33	5	4,33	5
65		3,50	4	3,00	3	4,00	4	5,00	5	4,00	4	4,00	4
66		4,25	5	3,00	3	5,00	5	2,00	2	2,00	2	3,00	3
67		2,60	2	3,00	3	2,33	2	2,50	2	2,00	2	1,00	1
68		3,83	4	3,33	3	4,33	5	3,00	3	5,00	5	5,00	5
69		4,83	5	5,00	5	4,67	5	4,67	5	5,00	5	5,00	5
70		2,75	3	2,00	2	3,00	3	3,00	3	4,00	4	5,00	5
71		4,00	4	4,00	4	4,00	4	4,00	4	5,00	5	5,00	5
72		3,17	3	3,33	3	3,00	3	4,67	5	3,67	4	4,00	4
73		3,80	4	3,50	4	4,00	4	4,00	4	3,50	4	4,50	5
74		3,00	3	2,67	3	3,33	3	3,67	4	2,33	2	3,33	3
75		2,75	3	3,00	3	3,00	3	4,00	4	4,00	4	4,00	4
76		3,50	4	3,00	3	4,00	4	4,33	5	2,67	3	3,33	3
77		3,00	3	2,67	3	3,33	3	3,67	4	3,33	3	2,67	3

Nr.	Belastungen	Überforderung d.die Arbeitsaufgaben	Rang	Quantitative Überforderung d. die Arbeitsaufgaben	Rang	Qualitative Überforderung d. die Arbeitsaufgaben	Rang	Unterforderung d.die Arbeitsaufgaben (qualitativ)	Rang	Belastendes Sozialklima (Kolleg/innen)	Rang	Belasten des Vorgesetztenverhalten	Rang
78		3,20	3	3,00	3	3,33	3	4,00	4	2,50	2	2,50	2
79		2,83	3	3,00	3	2,67	3	3,67	4	3,33	3	4,67	5
Häufigkeit 1			0		1		0		1		3		4
Häufigkeit 2			7		10		3		5		8		4
Häufigkeit 3			32		45		27		26		26		15
Häufigkeit 4			30		18		32		31		26		21
Häufigkeit 5			10		5		17		16		16		35

Tabelle 22 Belastungen
Quelle: eigene Darstellung

Nr.	organisationale Ressourcen	Aufgabenvielfalt	Rang	Qualifizierungsmöglichkeiten d. die Arbeitstätigkeit	Rang	Tätigkeitsspielraum	Rang	Partizipationsmöglichkeiten	Rang	Persönliche Gestaltungsmöglichkeiten des Arbeitsplatzes	Rang	Spielraum für persönliche bzw. private Dinge bei der Arbeit	Rang
1	Mittelwert	4,67	5	4,33	5	3,33	3	5,00	5	3,00	3	3,00	3
2		3,67	4	4,00	4	2,67	3	3,67	4	3,00	3	2,00	2

Anhang

Nr.	organisationale Ressourcen	Aufgabenvielfalt	Rang	Qualifizierungsmöglichkeiten d. die Arbeitstätigkeit	Rang	Tätigkeitsspielraum	Rang	Partizipationsmöglichkeiten	Rang	Persönliche Gestaltungsmöglichkeiten des Arbeitsplatzes	Rang	Spielraum für persönliche bzw. private Dinge bei der Arbeit	Rang
3		4,50	5	4,00	4	4,00	4	3,50	4	4,00	4	2,00	2
4		3,00	3	3,67	4	2,67	3	3,00	3	3,00	3	3,00	3
5		3,67	4	4,33	5	3,67	4	4,33	5	3,00	3	3,00	3
6		4,67	5	4,00	4	3,33	3	4,00	4	5,00	5	3,00	3
7		4,00	4	4,33	5	3,33	3	4,00	4	5,00	5	5,00	5
8		2,33	2	3,33	3	2,67	3	3,00	3	3,00	3	2,00	2
9		4,33	5	2,33	2	3,33	3	3,33	3	3,00	3	4,00	4
10		4,33	5	4,00	4	4,00	4	3,33	3	4,00	4	4,00	4
11		4,33	5	4,33	5	3,00	3	3,67	4	4,00	4	4,00	4
12		3,00	3	3,67	4	3,67	4	3,33	3	4,00	4	2,00	2
13		4,67	5	4,33	5	3,67	4	4,00	4	4,00	4	4,00	4
14		3,67	4	4,33	5	3,67	4	3,33	3	3,00	3	3,00	3
15		3,67	4	4,33	5	3,33	3	3,67	4	4,00	4	4,00	4
16		3,00	3	3,67	4	3,33	3	4,00	4	4,00	4	2,00	2
17		3,67	4	4,00	4	3,33	3	3,67	4	3,00	3	2,00	2
18		4,00	4	4,00	4	3,67	4	3,67	4	4,00	4	3,00	3
19		4,33	5	3,33	3	3,00	3	3,00	3	4,00	4	3,00	3
20		4,00	4	4,00	4	4,00	4	4,00	4	4,00	4	4,00	4
21		4,00	4	4,33	5	3,67	4	4,00	4	4,00	4	4,00	4
22		3,00	3	3,33	3	3,00	3	2,67	3	3,00	3	4,00	4
23		4,00	4	3,67	4	3,67	4	3,67	4	3,00	3	3,00	3
24		3,67	4	4,33	5	3,33	3	3,00	3	3,00	3	2,00	2
25		4,00	4	4,00	4	3,33	3	4,00	4	3,00	3	4,00	4

Fragebogen SALSA Häufigkeiten

Nr.	organisationale Ressourcen	Aufgabenvielfalt	Rang	Qualifizierungsmöglichkeiten d. die Arbeitstätigkeit	Rang	Tätigkeitsspielraum	Rang	Partizipationsmöglichkeiten	Rang	Persönliche Gestaltungsmöglichkeiten des Arbeitsplatzes	Rang	Spielraum für persönliche bzw. private Dinge bei der Arbeit	Rang
26		4,33	5	4,33	5	4,00	4	3,67	4	5,00	5	3,00	3
27		2,67	3	3,00	3	3,67	4	3,00	3	3,00	3	3,00	3
28		2,33	2	3,00	3	4,00	4	3,00	3	3,00	3	2,00	2
29		4,00	4	3,00	3	3,00	3	3,00	3	3,00	3	2,00	2
30		4,33	5	4,00	4	4,00	4	4,33	5	5,00	5	4,00	4
31		4,67	5	4,00	4	4,33	5	4,33	5	5,00	5	#DIV/0!	##
32		4,33	5	3,33	3	3,67	4	3,67	4	4,00	4	2,00	2
33		4,33	5	4,33	5	3,67	4	3,33	3	4,00	4	3,00	3
34		4,00	4	4,00	4	4,33	5	4,00	4	3,00	3	3,00	3
35		3,67	4	4,33	5	2,67	3	4,33	5	4,00	4	1,00	1
36		3,33	3	4,00	4	4,33	5	4,00	4	5,00	5	5,00	5
37		4,67	5	4,33	5	3,67	4	4,67	5	3,00	3	2,00	2
38		4,00	4	2,33	2	4,00	4	3,67	4	4,00	4	2,00	2
39		3,67	4	3,33	3	3,00	3	2,33	2	3,00	3	1,00	1
40		4,67	5	4,00	4	3,33	3	1,67	1	4,00	4	3,00	3
41		3,00	3	3,33	3	3,33	3	2,00	2	3,00	3	2,00	2
42		4,33	5	3,33	3	4,33	5	3,67	4	4,00	4	3,00	3
43		4,00	4	3,00	3	2,67	3	3,00	3	1,00	1	3,00	3
44		1,67	1	2,67	3	3,00	3	3,67	4	2,00	2	4,00	4
45		3,67	4	3,67	4	3,00	3	3,00	3	3,00	3	3,00	3
46		3,00	3	3,33	3	2,67	3	2,00	2	3,00	3	3,00	3
47		3,00	3	3,33	3	3,00	3	2,67	3	3,00	3	1,00	1
48		3,00	3	2,33	2	2,67	3	3,00	3	4,00	4	4,00	4

Anhang

Nr.	organisationale Ressourcen	Rang	Aufgabenvielfalt	Rang	Qualifizierungsmöglichkeiten d. die Arbeitstätigkeit	Rang	Tätigkeitsspielraum	Rang	Partizipationsmöglichkeiten	Rang	Persönliche Gestaltungsmöglichkeiten des Arbeitsplatzes	Rang	Spielraum für persönliche bzw. private Dinge bei der Arbeit	Rang
49			4,00	4	3,67	4	3,33	3	3,33	3	3,00	3	2,00	2
50			2,67	3	4,33	5	2,67	3	3,33	3	4,00	4	3,00	3
51			3,33	3	4,33	5	3,33	3	3,00	3	4,00	4	#DIV/0!	##
52			3,67	4	4,00	4	3,67	4	3,33	3	5,00	5	4,00	4
53			3,33	3	3,67	4	3,00	3	4,00	4	3,00	3	3,00	3
54			4,00	4	4,33	5	2,33	2	4,00	4	3,00	3	2,00	2
55			3,67	4	3,67	4	3,67	4	3,33	3	4,00	4	2,00	2
56			3,33	3	5,00	5	4,33	5	4,33	5	5,00	5	1,00	1
57			3,00	3	4,33	5	4,33	5	2,67	3	3,00	3	3,00	3
58			5,00	5	4,00	4	3,33	3	3,00	3	1,00	1	3,00	3
59			5,00	5	4,33	5	4,33	5	4,00	4	5,00	5	3,00	3
60			5,00	5	3,67	4	4,00	4	3,67	4	4,00	4	2,00	2
61			5,00	5	5,00	5	4,00	4	3,67	4	5,00	5	3,00	3
62			2,67	3	3,33	3	4,67	5	3,33	3	4,00	4	2,00	2
63			4,33	5	4,00	4	3,33	3	3,67	4	2,00	2	3,00	3
64			4,00	4	4,00	4	3,33	3	4,00	4	5,00	5	2,00	2
65			3,00	3	3,67	4	4,00	4	4,00	4	5,00	5	3,00	3
66			2,67	3	2,33	2	3,33	3	2,50	2	1,00	1	3,00	3
67			3,00	3	4,00	4	2,67	3	1,67	1	4,00	4	3,00	3
68			2,67	3	3,33	3	4,00	4	4,33	5	3,00	3	2,00	2
69			4,00	4	5,00	5	3,00	3	4,33	5	5,00	5	2,00	2
70			4,00	4	3,33	3	3,00	3	4,00	4	5,00	5	2,00	2
71			4,67	5	4,33	5	3,00	3	4,33	5	2,00	2	1,00	1

Nr.	organisationale Ressourcen	Aufgabenvielfalt	Rang	Qualifizierungsmöglichkeiten d. die Arbeitstätigkeit	Rang	Tätigkeitsspielraum	Rang	Partizipationsmöglichkeiten	Rang	Persönliche Gestaltungsmöglichkeiten des Arbeitsplatzes	Rang	Spielraum für persönliche bzw. private Dinge bei der Arbeit	Rang
72		4,33	5	4,67	5	3,67	4	4,33	5	4,00	4	3,00	3
73		4,67	5	3,67	4	3,00	3	3,67	4	2,00	2	2,00	2
74		4,00	4	4,00	4	3,67	4	3,67	4	4,00	4	2,00	2
75		4,00	4	3,67	4	2,67	3	3,67	4	5,00	5	3,00	3
76		3,67	4	3,00	3	2,00	2	3,00	3	2,00	2	2,00	2
77		4,33	5	3,67	4	3,33	3	3,33	3	3,00	3	3,00	3
78		3,67	4	3,33	3	3,00	3	3,33	3	3,00	3	2,00	2
79		3,33	3	3,00	3	2,50	2	3,00	3	4,00	4	3,00	3
Häufigkeit 1			1		0		0		2		3		5
Häufigkeit 2			2		4		3		4		5		26
Häufigkeit 3			21		20		4		29		29		31
Häufigkeit 4			30		32		26		33		27		13
Häufigkeit 5			25		23		8		11		15		2

Tabelle 23 Organisationale Ressourcen
Quelle: eigene Darstellung

Anhang

Nr.	soziale Ressourcen	Positives Sozialklima	Rang	Mitarbeiterorientiertes Vorgesetztenverhalten	Rang	Soziale Unterstützung durch Vorgesetzte	Rang	Soziale Unterstützung durch Arbeitskolleg/innen	Rang
1	Mittelwert	5,00	5	4,60	5	5,00	5	5,00	5
2		4,00	4	3,40	3	3,67	4	4,00	4
3		3,50	4	3,20	3	3,33	3	4,00	4
4		3,75	4	3,20	3	3,67	4	3,33	3
5		5,00	5	4,60	5	5,00	5	5,00	5
6		4,75	5	4,80	5	5,00	5	5,00	5
7		4,25	5	4,50	5	4,00	4	5,00	5
8		4,00	4	3,40	3	4,67	5	4,67	5
9		4,00	4	3,60	4	4,67	5	4,67	5
10		4,75	5	3,60	4	5,00	5	5,00	5
11		3,75	4	3,60	4	4,67	5	5,00	5
12		4,00	4	4,40	5	4,67	5	4,67	5
13		4,50	5	4,00	4	5,00	5	5,00	5
14		5,00	5	4,40	5	5,00	5	5,00	5
15		3,00	3	3,60	4	3,67	4	3,00	3
16		4,00	4	3,40	3	4,00	4	3,00	3
17		4,25	5	3,40	3	4,33	5	4,67	5
18		4,50	5	4,60	5	5,00	5	5,00	5
19		2,25	2	2,75	3	2,67	3	3,00	3
20		4,00	4	4,00	4	4,00	4	4,00	4
21		4,00	4	4,00	4	4,00	4	4,00	4
22		5,00	5	3,20	3	4,67	5	5,00	5
23		3,25	3	3,20	3	4,00	4	3,33	3
24		3,25	3	3,60	4	4,00	4	3,00	3
25		4,75	5	4,20	4	4,33	5	5,00	5

Nr.	soziale Ressourcen	Positives Sozialklima	Rang	Mitarbeiterorientiertes Vorgesetztenverhalten	Rang	Soziale Unterstützung durch Vorgesetzte	Rang	Soziale Unterstützung durch Arbeitskolleg/innen	Rang
26		4,00	4	4,20	4	5,00	5	4,33	5
27		3,25	3	3,20	3	3,33	3	3,33	3
28		4,00	4	2,80	3	3,00	3	5,00	5
29		3,25	3	3,40	3	4,33	5	3,67	4
30		4,75	5	4,60	5	5,00	5	5,00	5
31		4,50	5	4,40	5	5,00	5	4,00	4
32		4,00	4	3,40	3	4,00	4	4,00	4
33		3,75	4	4,20	4	5,00	5	4,33	5
34		4,50	5	4,20	4	4,33	5	4,33	5
35		3,75	4	4,20	4	4,67	5	4,67	5
36		4,75	5	4,40	5	3,33	3	3,67	4
37		4,75	5	4,20	4	5,00	5	5,00	5
38		3,67	4	3,40	3	3,00	3	3,33	3
39		3,00	3	2,80	3	3,00	3	3,67	4
40		3,00	3	2,00	2	2,33	2	3,33	3
41		4,50	5	1,40	1	1,67	1	4,33	5
42		4,25	5	2,40	2	2,33	2	4,33	5
43		3,75	4	2,40	2	2,00	2	4,00	4
44		3,25	3	3,60	4	3,67	4	3,33	3
45		3,25	3	2,80	3	2,33	2	3,67	4
46		4,50	5	1,40	1	2,00	2	4,00	4
47		3,25	3	2,60	2	3,67	4	3,33	3
48		4,00	4	3,00	3	3,00	3	4,00	4
49		3,00	3	3,00	3	3,00	3	3,67	4
50		4,50	5	3,80	4	4,33	5	5,00	5

Anhang

Nr.	soziale Ressourcen	Rang	Positives Sozialklima	Rang	Mitarbeiterorientiertes Vorgesetztenverhalten	Rang	Soziale Unterstützung durch Vorgesetzte	Rang	Soziale Unterstützung durch Arbeitskolleg/innen	Rang
51			4,75	5	3,80	4	4,67	5	5,00	5
52			3,75	4	3,20	3	4,00	4	4,00	4
53			4,50	5	4,40	5	4,33	5	4,67	5
54			4,75	5	3,60	4	5,00	5	5,00	5
55			4,25	5	4,00	4	4,33	5	4,33	5
56			4,50	5	5,00	5	5,00	5	4,67	5
57			4,25	5	4,60	5	5,00	5	4,00	4
58			3,75	4	5,00	5	4,67	5	4,00	4
59			5,00	5	4,20	4	4,67	5	4,67	5
60			4,00	4	3,40	3	3,33	3	4,67	5
61			5,00	5	4,80	5	5,00	5	5,00	5
62			5,00	5	4,40	5	5,00	5	5,00	5
63			3,00	3	4,00	4	5,00	5	5,00	5
64			4,25	5	3,80	4	4,67	5	3,67	4
65			4,25	5	4,00	4	4,00	4	4,00	4
66			3,00	3	2,40	2	2,33	2	3,00	3
67			2,75	3	3,40	3	2,33	2	3,67	4
68			4,00	4	3,80	4	4,00	4	4,00	4
69			4,00	4	4,80	5	5,00	5	5,00	5
70			5,00	5	4,20	4	4,67	5	5,00	5
71			4,25	5	2,60	2	5,00	5	5,00	5
72			4,75	5	3,80	4	4,67	5	4,00	4
73			4,00	4	3,80	4	4,33	5	4,00	4
74			2,75	3	3,80	4	3,67	4	2,00	2
75			4,00	4	3,00	3	3,33	3	3,33	3

Nr.	soziale Ressourcen	Positives Sozialklima	Rang	Mitarbeiterorientiertes Vorgesetztenverhalten	Rang	Soziale Unterstützung durch Vorgesetzte	Rang	Soziale Unterstützung durch Arbeitskolleg/innen	Rang
76		3,00	3	3,00	3	3,33	3	3,00	3
77		4,00	4	3,40	3	3,33	3	4,33	5
78		3,75	4	2,60	2	3,33	3	4,00	4
79		4,25	5	3,80	4	4,00	4	4,00	4
Häufigkeit 1			0		2		1		0
Häufigkeit 2			1		7		7		1
Häufigkeit 3			16		24		14		14
Häufigkeit 4			27		29		17		25
Häufigkeit 5			35		17		40		39

Tabelle 24 Soziale Ressourcen Häufigkeiten
Quelle: eigene Darstellung

Daten Benchmark vom PT-Verlag

Wirtschaftszweig	Gesamt	Gesamt neu ohne Erzieherinnen	Erziehung und Unterricht	Erzieherinnen SALSA
Mittelwerte				
Ganzheitlichkeit der Aufgaben	3,5	3,49	3,47	3,76
Qualitätsanforderungen und Verantwortung	4,1	4,08	4,08	4,47

Wirtschaftszweig	Gesamt	Gesamt neu ohne Erzieherinnen	Erziehung und Unterricht	Erzieherinnen SALSA
Überforderung durch die Arbeitsaufgaben	3,5	3,51	3,53	3,4
Quantitative Überforderung durch die Arbeitsaufgaben	3,2	3,26	3,25	3,17
Qualitative Überforderung durch die Arbeitsaufgaben	3,8	3,77	3,82	3,62
Unterforderung durch die Arbeitsaufgaben	3,5	3,51	3,53	3,66
Belastendes Sozialklima	3,6	3,43	3,75	3,62
Belastendes Vorgesetztenverhalten	4	3,86	4,09	3,93
Belastungen durch äußere Tätigkeitsbedingungen	3,6	3,63	3,61	3,57
Lärm	3,4	3,36	3,43	2,08
ungünstige Beleuchtung	3,8	3,90	3,89	3,56
unangenehme Temperatur	3,1	3,46	2,83	3,44
Wartezeiten	4,2	3,97	4,50	4,58
mangelhafte technische Geräte	4	3,96	4,08	3,54
lange am Bildschirm	2,8	3,19	2,51	4,42
Klimaanlage	3,9	3,92	4,21	3,96
Schichtarbeit	4,4	4,38	4,68	4,34
Arbeitshaltung	3	3,02	2,85	2,56
Zeitdruck	2,9	2,87	3,05	3,25

Wirtschaftszweig	Gesamt	Gesamt neu ohne Erzieherinnen	Erziehung und Unterricht	Erzieherinnen SALSA
Aufgabenvielfalt	3,5	3,32	3,55	3,78
Qualifizierungsmöglichkeiten durch die Arbeitstätigkeit	3,5	3,35	3,60	3,78
Tätigkeitsspielraum	3,5	3,28	3,74	3,42
Partizipationsmöglichkeiten	2,8	2,83	2,91	3,5
Persönliche Gestaltungsmöglichkeiten des Arbeitsplatzes	3,6	3,49	3,95	3,58
Spielraum für persönliche bzw. private Dinge der Arbeit	3,2	2,96	3,42	2,75
Positives Sozialklima	3,7	3,65	3,7	4,04
Mitarbeiterorientiertes Vorgesetztenverhalten	3,5	3,53	3,45	3,64
Soziale Unterstützung durch Vorgesetzte	3,6	3,73	3,59	4,02
Soziale Unterstützung durch ArbeitskollegInnen	3,9	3,86	3,94	4,19

Tabelle 25 Benchmark

Quelle: Zur Verfügung gestellt vom Prieler und Tomtiech Verlag

Daten der Skalen vom MBI

Personen	GBE	Rang GBE	GD	Rang GD	GEL	Rang GEL
1	33	3	5	1	19	3
2	19	2	8	2	38	2
3	11	1	1	1	39	2
4	24	2	5	1	30	3
5	19	2	1	1	29	3
6	32	3	0	1	28	3
7	7	1	0	1	32	3
8	13	1	5	1	21	3
9	50	3	3	1	16	3
10	9	1	0	1	42	1
11	13	1	5	1	27	3
12	9	1	1	1	37	2
13	7	1	0	1	41	1
14	9	1	4	1	26	3
15	5	1	1	1	19	3
16	9	1	5	1	30	3
17	10	1	5	1	23	3
18	10	1	6	2	29	3
19	27	2	13	3	23	3
20	12	1	9	2	30	3
21	12	1	9	2	30	3
22	8	1	0	1	30	3
23	12	1	5	1	30	3
24	2	1	0	1	22	3
25	7	1	0	1	36	2
26	26	2	4	1	25	3
27	25	2	14	3	25	3
28	16	1	1	1	36	2
29	30	3	10	2	30	3
30	4	1	0	1	43	1
31	12	1	2	1	36	2
32	7	1	0	1	31	3
33	7	1	2	1	18	3
34	4	1	1	1	29	3
35	7	1	3	1	36	2
36	19	2	1	1	37	2
37	7	1	0	1	39	2
38	37	3	16	3	21	3

Daten der Skalen vom MBI

Personen	GBE	Rang GBE	GD	Rang GD	GEL	Rang GEL
39	31	3	8	2	20	3
40	9	1	2	1	30	3
41	25	2	11	2	29	3
42	35	3	11	2	30	3
43	26	2	1	1	34	2
44	15	1	9	2	34	2
45	12	1	4	1	14	3
46	28	2	11	2	31	3
47	25	2	8	2	19	3
48	25	2	6	2	21	3
49	23	2	10	2	21	3
50	4	1	0	1	29	3
51	3	1	0	1	29	3
52	24	2	8	2	31	3
53	12	1	2	1	35	2
54	3	1	1	1	28	3
55	27	2	3	1	35	2
56	0	1	0	1	28	3
57	3	1	6	2	35	2
58	9	1	1	1	36	2
59	2	1	0	1	45	1
60	10	1	0	1	26	3
61	3	1	0	1	40	1
62	4	1	0	1	32	3
63	3	1	0	1	15	3
64	2	1	0	1	24	3
65	15	1	0	1	31	3
66	4	1	6	2	40	1
67	31	3	13	3	14	3
68	1	1	0	1	34	2
69	0	1	0	1	15	3
70	35	3	6	2	19	3
71	1	1	5	1	41	1
72	14	1	2	1	39	2
73	4	1	1	1	38	2
74	19	2	7	2	20	3
75	20	2	16	3	22	3
76	28	2	9	2	20	3
77	27	2	3	1	31	3
78	26	2	7	2	35	2

Personen	GBE	Rang GBE	GD	Rang GD	GEL	Rang GEL
79	12	1	5	1	37	2
Geringes Maß		50		54		7
Mittleres Maß		20		20		20
Hohes Maß		9		5		52

Tabelle 26   Häufigkeiten Fragebogen Maslach (MBI)
Quelle: eigene Daten

SALSA Fragebogen

SALSA-Fragebogen

Alter (Angabe in Jahren): _____

Es folgen nun einige Fragen / Aussagen zu Ihrer Arbeitssituation.
Kreuzen Sie bitte bei jeder Frage / Aussage die für Sie zutreffende Stufe an.

Nr.	Items	fast nie / trifft überhaupt nicht zu	selten / trifft eher nicht zu	manchmal / teils-teils	oft / trifft eher zu	fast immer / trifft völlig zu
B01)	Bei dieser Arbeit macht man etwas Ganzes, Vollständiges.	☐	☐	☐	☐	☐
B02)	Man muss für diese Arbeit gründlich ausgebildet sein.	☐	☐	☐	☐	☐
B03)	Der/Die Vorgesetzte lässt einen wissen, wie gut man seine Arbeit getan hat.	☐	☐	☐	☐	☐
B04)	Man hat genug Zeit, diese Arbeit zu erledigen.	☐	☐	☐	☐	☐
B05) R	Es ist einem genau vorgeschrieben, wie man seine Arbeit machen muss.	☐	☐	☐	☐	☐
B06) R	Bei dieser Arbeit verliert man viele Fähigkeiten, die man früher hatte.	☐	☐	☐	☐	☐

SALSA Fragebogen

Nr.	Items	fast nie trifft überhaupt nicht zu	selten trifft eher nicht zu	manchmal teils-teils	oft trifft eher zu	fast immer trifft völlig zu
B07) R	Bei dieser Arbeit kommen meine Fähigkeiten zu wenig zum Zuge.	☐	☐	☐	☐	☐
B08)	Diese Arbeit schafft gute Möglichkeiten, im Beruf weiterzukommen.	☐	☐	☐	☐	☐
B09)	Man muss in der Lage sein, selbständig Entscheidungen zu treffen.	☐	☐	☐	☐	☐
B10)	Man hat die Möglichkeit, den eigenen Arbeitsplatz nach persönlichem Stil einzurichten (z. B. Bilder, Pflanzen, Lampen).	☐	☐	☐	☐	☐
B11) R	Man muss Dinge tun, für die man eigentlich zu wenig ausgebildet und vorbereitet ist.	☐	☐	☐	☐	☐
B12) R	Es gibt so viel zu tun, dass es einem über den Kopf wächst.	☐	☐	☐	☐	☐
B13)	Wenn man eine gute Idee hat, kann man sie in der Firma auch verwirklichen.	☐	☐	☐	☐	☐
B14) R	Man muss mit Leuten zusammenarbeiten, die keinen Spaß verstehen.	☐	☐	☐	☐	☐
B15)	Diese Arbeit erlaubt es, eine Menge eigener Entscheidungen zu treffen.	☐	☐	☐	☐	☐
B16) R	Man hat zu wenig Gelegenheit, Dinge zu tun, die man gut beherrscht.	☐	☐	☐	☐	☐
B17)	Der/Die Vorgesetzte hilft mir bei der Erledigung der Aufgaben.	☐	☐	☐	☐	☐
B18) R	Es kommt schon vor, dass einem die Arbeit zu schwierig ist.	☐	☐	☐	☐	☐
B19)	Das gegenseitige Vertrauen ist bei uns so groß, dass wir offen über alles, auch ganz persönliche Sachen, reden können.	☐	☐	☐	☐	☐
B20)	Die Arbeit erfordert große Verantwortung.	☐	☐	☐	☐	☐

Nr.	Items	fast nie — trifft überhaupt nicht zu	selten — trifft eher nicht zu	manchmal — teils-teils	oft — trifft eher zu	fast immer — trifft völlig zu
B21)	Man kann bei dieser Arbeit immer wieder Neues dazulernen.	☐	☐	☐	☐	☐
B22) R	Wenn ein Fehler passiert, findet der/die Vorgesetzte ihn immer bei uns, nie bei sich.	☐	☐	☐	☐	☐
B23) R	Es passiert so viel auf einmal, dass man es kaum bewältigen kann.	☐	☐	☐	☐	☐
B24)	An meinem Arbeitsplatz bieten sich Möglichkeiten, zwischendurch kurz mal Dinge zu tun, die nichts mit meinen Aufgaben zu tun haben (z. B. kurze Pausen, Telefonate, etc.)	☐	☐	☐	☐	☐
B25) R	Hier hat man das Gefühl, dass man mehr könnte, als von einem verlangt wird.	☐	☐	☐	☐	☐
B26)	Es gibt fast jeden Tag etwas anderes zu tun.	☐	☐	☐	☐	☐
B27) R	Diese Arbeit ist zerstückelt, man erledigt nur kleine Teilaufgaben.	☐	☐	☐	☐	☐
B28) R	Der/Die Vorgesetzte erschwert einem das Arbeiten durch seine/ihre Anweisungen.	☐	☐	☐	☐	☐
B29)	Diese Arbeit ist abwechslungsreich.	☐	☐	☐	☐	☐
B30) R	Es gibt häufig Spannungen am Arbeitsplatz.	☐	☐	☐	☐	☐
B31) R	Bei dieser Arbeit werden keine besonderen Fähigkeiten und Fertigkeiten erwartet.	☐	☐	☐	☐	☐
B32)	Der/Die Vorgesetzte ist daran interessiert, dass es seinen/ihren Mitarbeiter/innen gut geht.	☐	☐	☐	☐	☐
B33)	Bei meiner Arbeit kann man eine Sache oder einen Auftrag von A bis Z herstellen resp. ausführen.	☐	☐	☐	☐	☐
B34) R	Bei dieser Arbeit gibt es Sachen, die zu kompliziert sind.	☐	☐	☐	☐	☐

Nr.	Items	fast nie / trifft überhaupt nicht zu	selten / trifft eher nicht zu	manchmal / teils-teils	oft / trifft eher zu	fast immer / trifft völlig zu
B35) R	Der/Die Vorgesetzte behandelt einen unfair.	☐	☐	☐	☐	☐
B36)	Man kann sich seine Arbeit selbständig einteilen.	☐	☐	☐	☐	☐
B37)	Die Leute, mit denen ich zusammenarbeite, sind freundlich.	☐	☐	☐	☐	☐
B38)	Man hat leicht Zugang zum/zur Vorgesetzten.	☐	☐	☐	☐	☐
B39) R	In meinem Bereich kommt es vor, dass man vor vollendete Tatsachen gestellt wird.	☐	☐	☐	☐	☐
B40) R	Man muss ausbaden, was die Anderen falsch machen.	☐	☐	☐	☐	☐
B41) R	Bei dieser Arbeit muss man immer das Gleiche tun.	☐	☐	☐	☐	☐
B42)	Bei wichtigen Dingen in meinem Bereich kann man mitreden und mitentscheiden.	☐	☐	☐	☐	☐
B43)	Die Leute, mit denen ich zusammenarbeite, helfen mir bei der Erledigung der Aufgaben.	☐	☐	☐	☐	☐
B44)	Der/Die Vorgesetzte schenkt dem, was ich sage, Beachtung.	☐	☐	☐	☐	☐
B45)	Die Leute, mit denen ich zusammenarbeite, interessieren sich für mich persönlich.	☐	☐	☐	☐	☐

Wie stark ist an Ihrem Arbeitsplatz die Belastung durch folgende Dinge?

Nr.	Items	gar nicht	gering	mittel	stark	sehr stark
B46) R	Lärm	☐	☐	☐	☐	☐
B47) R	ungünstige Beleuchtung	☐	☐	☐	☐	☐
B48) R	unangenehme Temperatur	☐	☐	☐	☐	☐

Nr.	Items	gar nicht	gering	mittel	stark	sehr stark
B51) R	Wartezeiten	☐	☐	☐	☐	☐
B53) R	mangelhafte technische Geräte / Arbeitsmittel	☐	☐	☐	☐	☐
B54) R	lange am Bildschirm arbeiten	☐	☐	☐	☐	☐
B55) R	Klimaanlage (Zugluft, Luftqualität etc.)	☐	☐	☐	☐	☐
Z05) R	Schichtarbeit oder ungünstige Arbeitszeiten	☐	☐	☐	☐	☐
Z06) R	Körperhaltung / Bewegung (auch viel Sitzen, Stehen, Gehen etc.)	☐	☐	☐	☐	☐
Z07) R	Zeitdruck bei der Arbeit	☐	☐	☐	☐	☐

Wie sehr können Sie sich auf die folgenden Personen verlassen, wenn in der Arbeit Probleme auftauchen?

Nr.	Items	gar nicht	wenig	einigermaßen	ziemlich	völlig
D40)	Auf Ihre Vorgesetzten	☐	☐	☐	☐	☐
D41)	Auf Ihre Arbeitskollegen und -kolleginnen	☐	☐	☐	☐	☐

Wie sehr sind diese Personen bereit, Ihre Probleme in der Arbeit anzuhören?

Nr.	Items	gar nicht	wenig	einigermaßen	ziemlich	völlig
D44)	Ihre Vorgesetzten	☐	☐	☐	☐	☐
D45)	Ihre Arbeitskollegen und kolleginnen	☐	☐	☐	☐	☐

Wie sehr unterstützen diese Personen Sie aktiv, so dass Sie es in der Arbeit leichter haben?

Nr.	Items	gar nicht	wenig	einiger-maßen	ziemlich	völlig
D48)	Ihre Vorgesetzten	☐	☐	☐	☐	☐
D49)	Ihre Arbeitskollegen und kolleginnen	☐	☐	☐	☐	☐

Abbildung 6 SALSA Fragebogen
Quelle: Rimann, M./Benisch, M./ Udris, I. (2017), eigene Darstellung

Maslach Burnout Inventory Test

Der Maslach Burnout Inventory Test

Alter (Angabe in Jahren): _____

Wie nehmen Sie Ihre Arbeit wahr? Sind Sie erschöpft?
Wie fähig sind Sie, Ihre Beziehung zu anderen zu gestalten?
Wie steht es um den Grad Ihrer persönlichen Erfüllung?

Geben Sie an, wie häufig die folgenden Aussagen auf Sie zutreffen, indem Sie die passende Zahl ankreuzen:

0 = Nie
1 = Mindestens ein paar Mal im Jahr
2 = Mindestens einmal im Monat
3 = Einige Male pro Monat
4 = Einmal pro Woche
5 = Mehrmals pro Woche
6 = Jeden Tag

	Nie Jeden Tag ↓ ↓						
	0	1	2	3	4	5	6
01 – Ich fühle mich durch meine Arbeit emotional erschöpft.							
02 – Ich fühle mich am Ende eines Arbeitstages verbraucht.							
03 – Ich fühle mich bereits ermüdet, wenn ich morgens aufstehe und einen neuen Arbeitstag vor mir liegen sehe.							

04 – Ich kann leicht nachvollziehen, was in meinen Kollegen/Vorgesetzten vorgeht.						
05 – Ich habe das Gefühl, manche Klienten/Kollegen unpersönlich zu behandeln als wären sie Objekte.						
06 – Den ganzen Tag mit Menschen zu arbeiten, strengt mich an.						
07 – Ich gehe erfolgreich mit den Problemen anderer Menschen um.						
08 – Ich fühle mich durch meine Arbeit ausgebrannt.						
09 – Ich habe das Gefühl, durch meine Arbeit anderer Menschen positiv zu beeinflussen.						
10 – Seit ich diese Arbeit ausübe, bin ich Menschen gegenüber gleichgültiger geworden.						
11 – Ich befürchte, dass mich meine Arbeit emotional verhärtet.						
12 – Ich fühle mich voller Energie.						
13 – Ich fühle mich durch meine Arbeit frustriert.						
14 – Ich habe das Gefühl, zu verbissen zu arbeiten.						
15 – Es interessiert mich nicht wirklich, was mit manchen meiner Kollegen geschieht.						
16 – Bei einer Arbeit in direktem Kontakt zu Menschen zu stehen, stresst mich zu sehr.						
17 – Mir fällt es leicht, in meinem Arbeitsumfeld eine entspannte Atmosphäre zu schaffen.						
18 – Ich fühle mich angeregt, wenn ich eng mit meinen Kollegen zusammengearbeitet habe.						
19 – Ich habe viele lohnende Ziele bei meiner Arbeit erreicht.						
20 – Ich habe das Gefühl, am Ende meiner Weisheit zu sein.						
21 – Bei meiner Arbeit gehe ich mit emotionalen Problemen sehr gelassen um.						
22 – Ich habe das Gefühl, dass mir meine Kollegen/Mitarbeitenden für manche ihrer Probleme die Schuld geben.						

Gesamtpunktzahl Berufliche Erschöpfung (GBE)

Addieren Sie die Ergebnisse der Fragen 01. 02. 03. 06. 08. 13. 14. 16. 20.
GBE =

Berufliche Erschöpfung	GBE < 17	GBE 18 – 29	GBE > 30
	Geringes Maß	Mittleres Maß	Hohes Maß

Gesamtpunktzahl Depersonalisation/Empathieverlust (GD)

Addieren Sie die Ergebnisse der Fragen 05. 10. 11. 15. 22.
GD =

Depersonalisation	GB < 5	GD 6 – 11	GD > 12
	Geringes Maß	Mittleres Maß	Hohes Maß

Gesamtpunktzahl Eigene Leistungseinschätzung (GEL)

Addieren Sie die Ergebnisse der Fragen 04. 07. 09. 12. 17. 18. 19. 21.
GEL =

Eigene Leistungs-einschätzung	GEL < 33	GEL 34 – 39	GEL > 40
	Geringes Maß	Mittleres Maß	Hohes Maß

Burnout-Grad

Achtung, wenn die Summe ihrer GBE- und GD-Antworten beide im problematischen Bereich liegen, vor allem, wenn Ihre eigene Leistungseinschätzung ebenfalls im problematischen Bereich liegt.

GBE	Eine berufliche Erschöpfung (Burnout) hängt typischerweise mit dem Verhältnis zu einer Arbeit zusammen, die als schwierig, ermüdend, stressig empfunden wird… Für Maslach unterscheidet sie sich insofern von einer Depression, als sie während den Ferien wegfallen müsste.
GD	Depersonalisation bzw. Empathieverlust ist gekennzeichnet durch einen Verlust an Wertschätzung für andere (Klienten, Kollegen…), eine Haltung größerer emotionaler Distanz, was durch zynische, abwertende Äußerungen, ja sogar durch Gleichgültigkeit zum Ausdruck kommt.
GEL	Die eigene Leistungseinschätzung ist ein Gefühl, das als „Sicherheitsventil" wirkt und im Falle beruflicher Erschöpfung und Depersonalisation zu einem Ausgleich beiträgt. Sie sorgt für Erfüllung am Arbeitsplatz, einen positiven Blick auf das beruflich Erreichte.

Tabelle 64 Maslach Burnout Inventory und Manual

Quelle: Schweizer Städteverbund, eigene Darstellung